英語にないなら作っちゃえ！

これで伝わる。直訳できない日本語

EE
BOOKS

朝日出版社

橋本美穂=著

音声ダウンロードについて

本書で取り上げる 53 のお題には、実際の場面を想定した会話文が掲載されています。全て橋本美穂さんによる読み上げ音声つきです。音声のダウンロード手順は以下をご覧ください。

 スマートフォンやタブレット端末で再生する場合

1

App Store または
Google Play で、
「リスニングトレーナー」を
インストール（無料）

2

アプリを開き、
「コンテンツを追加」
をタップ

3

カメラで右の QR コードを
読み取る。読み取れない
場合は【13305】を入力し
「Done」をタップ

4

My Audio の中に
書籍が追加されたら、
聴きたいセクションを
タップ

 PCで再生する場合

下記 URL から音声データ（MP3）無料ダウンロードの申請を行ってください。

[申請サイトURL]

https://www.asahipress.com/eng/entmh

（ブラウザの検索窓ではなく、URL 入力窓に入力してください）

【注意】
本書初版第 1 刷の刊行日（2023 年 4 月 10 日）より 3 年を経過した後は、告知なしに上記のデータの配布を取りやめたりする場合があります。あらかじめご了承ください。

　皆さんこんにちは！　通訳者の橋本美穂です。メディアを通じて私のことをご存じの方は、もしかしたら「芸能・エンタメ界の通訳者」というイメージをお持ちかもしれません。確かに、ふなっしーやピコ太郎など、キャラの濃いタレントさんたちの難解な言葉を通訳し、世界へ発信するお手伝いをさせていただきました。また、野生爆弾・くっきー！の通訳は果たしてできるのか？というチャレンジを受けて、「ムチャクチャな発言やわかりにくいボケまでだいたい訳しちゃう通訳者」というタイトルをいただいたこともあります。

　しかし、意外に思われるかもしれませんが、私が日常的に担当している"本業"のほとんどは、いわゆる大企業のビジネスシーンにおける"お堅い"会議通訳なのです。その中で私が通訳する内容は基本的に機密とされる情報ばかりですので、通訳をしている姿が公になることもありません。

　そのような"黒子"の仕事にやりがいを感じて以来、18年ほど走り続けてきましたが、ようやく最近になって「これが天職なのかな」と思えるようになりました。というのも、実は最初から通訳者になろうという高い志を持っていたわけではなかったのです。むしろ、すべては前職での大きな失敗から始まりました。そこから立ち上がる過程で通訳のスキルを身に付けたというのが正直なところです。

「英語ができても通訳はできない」という現実、大失敗からの学び

　父親の仕事の都合でアメリカのテキサス州ヒューストンに生まれ、6歳から11歳までサンフランシスコで暮らしました。現地の小学校に通い、地元の子どもたちと一緒に毎日活発に過ごしていました。ハロウィンには広大な畑で買ってきたカボチャをくり抜いてランタンにしたり、巨大なハンバーガーにかぶりつくのが得意になったりと、アメリカ社会を満喫していました。振り返ってみれば、基礎的な英語力のみならず、多様な文化が共存する環境の中で国際感覚を身に付けた5年間でした。

帰国後は兵庫県神戸市で中学・高校時代を過ごし、関西弁も身に付けちゃいました！　この頃は英語以外の勉強の遅れを取り戻そうと一生懸命でした。入学した神戸高校では、淡路の海を遠泳したり、六甲山に登って、山の上で耐寒マラソンを走ったりと、文武両道な校風からくる行事のおかげで、体力もかなりタフになりました。

　父親は世界を飛び回る商社マンで、私はその姿に大きな影響を受けながら育ちました。「今度はどこの国に行ったの？　何をしに行ったの？」と父が帰国するたびにいろんな話を聞かせてもらうことが一番のお土産でした。父が財務に強かったこともあり、経済や会計学、企業経営についてわからないことがあると、よく質問していました。自然と経済や数字、国際情勢にも興味を持つようになりました。大学では父の姿を追うように、開発経済学や国際政治学など、ビジネスパーソンになってから仕事に活かせそうな科目を中心に履修していきました。

　「海外との架け橋になる仕事がしたい」という夢は漠然と思い描いていましたが、それはあくまでグローバル企業で働く一社員としてプロジェクトを立ち上げたり、ビジネスを推進したりというイメージであって、語学でキャリアを築くという発想はゼロでした。むしろ、「英語は自然に身に付いた。で、それを活かして自分は何がしたいのか？」ということを自問自答していました。

　私が就職活動をしていた頃は、商社の最前線で女性が活躍するのは現実問題としてまだ難しいとされる時代でした。そこで、より男女均等に機会がありそうなグローバル企業に入社し、総合職としてバリバリ働き始めました（バリバリはもう死語ですね、笑）。

　転機が訪れたのは入社6年目。新製品のプロジェクトマネージャーを務めていたときのことでした。当時、米国企業とのプロジェクトを担当しており、日々英語を使っていました。そこに突然、通訳の機会が舞い込んできたのです。

　「来週、アメリカから取引先が来るけれど、こっちは英語が苦手な人もいるから、通訳してもらえない？」と上司から依頼されました。内心、「通訳？　考えたこともない役割だけど、できるかな……。英語はもちろん話せるし、業務内容も知っている。うん、きっ

と大丈夫だろう！」と軽い気持ちで引き受けたのですが……。今思うと、これがとんでもない安請け合いであり、大失敗の始まりだったのです。

当日の通訳のできなさといったら、それは惨憺<ruby>惨憺<rt>さんたん</rt></ruby>たるものでした。「逐次通訳」という、いくつかの文章ごとに区切って訳すスタイルでしたが、そもそも言われた内容を正確に覚えられないのです。必死に会話の橋渡しをしようとしても、むしろ邪魔になっていたようなありさまでした。言葉を詰まらせる私に、しびれを切らす人もいたはずです。本当にショックでした。この日、私は「英語力と通訳力は全くの別物だ」ということを思い知ったのです。

悔しかったのはもちろんですが、ただ、それと同時に、ふと、「どうして英語は話せるのに、通訳はできなかったんだろう？」と疑問に思い、好奇心が湧いてきたのです。そこで、通訳の専門学校に行けば何かわかるかもしれないと考え、3年以上の年月をかけて通い、通訳技術を身に付けることになりました。

縦のものを横にするだけでは全く通じない、日本語と英語との距離

あれから18年。以来、6000件近い案件を担当してまいりましたが、いまだにこの「うぐっ！」という苦しい、恥ずかしい壁にぶち当たることがあります。ピコ太郎さんの「驚き桃の木20世紀」はその最たる例です。世界中がインターネットを通じて見守る中で、さんざん変な汗をかいた揚げ句に "I was so surprised like a peach tree." (私は桃の木のように驚いた) と、まぎれもない誤訳をしてしまったのです。

通訳のスタイルには同時通訳と逐次通訳がありますが、いずれも、英語と日本語を単に1対1で対応させて、言葉を置き換えていくだけでは不十分です。「驚き桃の木20世紀」を surprise, peach tree, 20th century と訳したところで意味を成しませんよね？ 実際のところ、直訳で通じるのはテクニカルな専門用語ぐらいであって、大半は意訳が必要になります。例えば、宴会の終わりに、司会の方が「宴もたけなわではありますが、いったん中締めとさせていただきます」と言った場合、その通りに訳すわけではありません。外国人の方には "Party's over. Let's go!" とお伝えした方が瞬時にアクションにつながり、ありがたがられるというのが現場のリアルです。丁寧

に訳すとしても、"The party is in full swing, but it's time to bring it to a close." でしょう。「中締め」という言葉は直訳できないのです。

　このように、通訳というのは、機械的にA言語をB言語へと入れ替えていく作業ではありません。人間が発する言葉は「生もの」です。ボディーランゲージも相まって、さまざまなニュアンスや意図がありますよね。

　では、実際にどんな訳し方があるのでしょうか。右ページの図の通り、いくつかの種類がありますので、一つ一つ見ていきましょう。

　まずは「ママ訳」です。例えば、cloud network はクラウドネットワーク、寿司は sushi とそのまま訳します。

　次に「直訳」ですが、これは単語を1対1で置き換えていく方法です。apple はりんご、犬は dog、生物多様性は biodiversity、ROE (Return on Equity) は自己資本利益率など、訳が一つしかない単語や、各業界で定訳とされている専門用語があり、ここは通訳者が創意工夫を凝らすところではありません。

　ここで、試しに「鬼に金棒」を直訳してみるとどうなるでしょうか。単純に置き換えると ogre with an iron club となりますが、これで果たして何が伝わるでしょうか。下手をすると、外国人の頭の中で「ゴルフクラブのアイアンを持っている怪物」のイメージが浮かんでしまうかもしれません。まさに『Lost in Translation』ですよね（笑）。これが直訳の限界なのです。では、どのように対応すれば良いでしょうか。

　「鬼」や「金棒」など、異文化の壁を越えられない日本独自の単語が出てきたときに、まずできることは、「説明」をすることです。鬼というのは日本でこういう存在で、この場合は「強い者」を象徴する表現であって、それがさらに強くなることを「金棒」が表していて……という具合に。

　このような訳し方をすることは全く問題ないですし、むしろ日本文化の解説まで丁寧にしていくことになるので、ある意味聞いていて最も興味深い英訳になるかもしれま

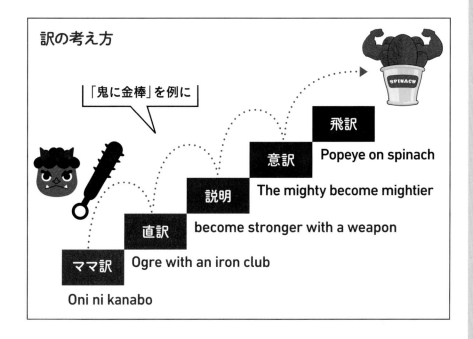

訳の考え方

「鬼に金棒」を例に

飛訳
Popeye on spinach

意訳
The mighty become mightier

説明
become stronger with a weapon

直訳
Ogre with an iron club

ママ訳
Oni ni kanabo

せん。ただ、通訳者にはそのような時間がありません。ビジネスの現場ですから、要領良くテキパキと訳していく必要があります。また、お客様の方が業界をよく知っているので通訳者の説明を聞かされることなど必要としていないという状況もあり、端的に「意訳」を伝えていくことが求められています。

　最後の「飛訳」は私がつくった造語です。「元の言葉からかなり飛躍している訳」という意味であり、これがまさに本書で目指している楽しくて遊びのある世界です。ユーモアを伝えたり、何かしらの強烈なインパクトを出したい場合は、文化の違いを計算して創意工夫をし、訳語に反映して creative leap を起こす「飛訳」が必要になるのです。要は、ぶっ飛んだ訳のことです（笑）。

　私の仕事でも「飛訳」はよく使います。例えば広告業界の現場で、15秒の TV コマーシャルでも、あるいは 6 秒の動画広告であっても、その場にいるクライアントに向けてぶっつけ本番で同時通訳することがあります。肝心なキャッチコピーや登場人物のセリフを瞬時に訳すことで、映像とピッタリ合わせたタイミングでドカンと笑いをとったり、ほんの「ひとこと」で感動を伝えたりすることが私に与えられた命題であり、やり

がいを感じる瞬間の一つです。

　CM の映像が終わってもまだダラダラと訳していたり、あとで解説をしないと通じないような半生の訳しかできないなら、わざわざ同時通訳者を雇う必要はないですよね。そんな経験もあって、考える時間が 1、2 秒しかない中でも、「ママ訳でいくか、直訳にするか、説明を付け加えるべきか、飛訳を作っちゃおうか？」と意識的に判断をする習慣が身に付いています。

　このように、ちゃんと準備さえしていれば、気の利いた訳がパッと出てくるのですが、ピコ太郎さんの「驚き桃の木 20 世紀」に限っては、あろうことか本番終了から 36 時間後くらいに「飛訳」を思いつきました。まさに、時すでに遅し。本番で失敗した瞬間からずーっと反省し続けた結果、お風呂の中で、そうか！ "I'm super duper whopper surprised!" と訳せば良かったんだ！と思いつきました。誰にも聞いてもらえない訳を一人で抱え、ふがいなさでいっぱいになりながら頭まで湯船に身を沈めたことを思い出します。

「インパクト・コンパクト」で言葉の本質を捉える

　そう、時には英語を 0 から作っちゃう方が良い場合だってあるんです！ 英語を「作っちゃう」ときは、「効果的 (impact) かつ簡潔に (compact)」がコツです。通訳をするときも、長々と説明を述べるのではなく、短時間で効果的に伝えるために常にこの「インパクト・コンパクト」を意識しています。

　例えば、「絵に描いた餅」という慣用句を直訳したって伝わらないですよね。英語の場合、これは pie in the sky、あるいは on paper です。このように、「絵に描いた餅」と「空に浮かんだパイ」とは、言葉選び（ワードチョイス）こそ異なりますが、本質的には「机上の空論」という意味であり、万国共通の概念なのです。

　逆に言えば、あるコンセプトを伝えるには、各国のローカル文化を反映した言葉を選ぶ必要があるということです。日本人なら「お餅」だけど、英語圏なら「パイ」というふうに。いや、別に mochi on canvas でもいいんですけど（笑）、それだとお餅を知

らない人には、「それで、餅ってのは食べ物でね……」と、回りくどい説明を加えなきゃいけなくなります。

　そして、うだうだ説明をしているうちに相手の頭の中は「？？？」でいっぱいになり、一体何を伝えたかったのか、わからなくなってしまいます。ジョークだって、同じタイミングで一緒に笑いたいじゃないですか！　特にオチ（punchline）はインパクト・コンパクトに収めないと笑いどころを逃してしまいます。なので、最小限の言葉数で効果的に意味を伝えていくことが大切なのです。

　ここ数年、『CNN English Express』で「橋本美穂の英語にないなら作っちゃえ！」という連載を続けています。これは 2019 年に、編集部の方から「ふなっしーやピコ太郎の言葉を訳すとき、橋本さんの頭の中では何が起こっているのでしょうか？　その発想とノウハウを活かして、英語にない日本語の訳し方を読者と一緒に考えていきませんか」とお声がけをいただいたことが始まりでした。

　本書で目指すのは「飛訳」であり、読者の皆さんには言葉遊びを大いに楽しんでいただきたいと願っています。けれど、私にとっては、通訳の現場で「うぐっ！」となる瞬間を解消するために、切り札を一枚ずつ用意していく作業でもあります。

　実際、英語に訳しづらい日本語はたくさんあります。そういった言葉の一つ一つにスポットライトを当て、読者の皆さんと一緒に英語を作っていく時間は本当に楽しいです。ここで生まれた言葉を日常会話の中で使っていただき、さらに世界へと輸出していけたら嬉しいです。

　本書は、そのような連載の軌跡をまとめたものです。厳選した 53 のお題に対し、私が作った「飛訳」と、その背景にある思考回路を紹介しています。また、会話文の方も、全て私が考え、執筆したストーリーです。皆さんの英語学習の一助に、あるいはお勉強の箸休めとして、楽しくお読みいただければ幸いです。

橋本美穂

CONTENTS

Part 2 現代語・流行語編

Part 3 ことわざ・慣用表現編

それぞれのお題には、英国人コメディアンの BJ Fox さんによるコメントが付いています。本書に掲載されているさまざまな表現は果たしてネイティブにどのような印象を与えるのでしょうか？　要注目です！

BJ Fox

1981 年生まれ。イギリスやシンガポールなどで英語のコメディアンとして経験を積み、2015 年の転勤を機に日本で活動を開始。NHK World 初のオリジナルドラマ「Home Sweet Tokyo」の主役・脚本を務めた。ポッドキャスト「裏技英語」を配信中。

Part 1

ひとクセ編

「客寄せパンダ」や「ほめ殺し」など、少しクセのあるお題を集めました。この「ひとクセ」を維持したまま英語にすると、どのような表現が出来上がるのでしょうか？ 実際にネイティブとの会話で使うと、盛り上がること間違いなしです！

言ったもん勝ち

📖 意味：先に発言や提案をしたものが得をするということ。

 demanders winners

子どもも大人もよく使う、あの慣用句から！

　「言ったもん勝ち」と聞くと、自分の要求を主張することをためらわない人や、声を上げた人が得をして他の人は損をするという状況が頭に浮かびます。ガツガツ主張するのは品が無いけれど、シチュエーションによっては「これはちゃんと言わなきゃ！」という判断になるときもありますよね。私も、海外出張の帰りに飛行機がトラブルで飛ばず、サンフランシスコで乗り継ぐはずだった便を逃したことがありました。その時は「いやいやいや。明日には帰国していないと困るんです！」と空港カウンターで粘りました。他にも困っている様子の乗客が見えたのですが、さすがに全員分の交渉の通訳をお手伝いすることはできず、自分だけすみませんという気持ちになりました。

　さて、「言ったもん勝ち」の英訳として、**The squeaky wheel gets the oil.** という古いことわざなら既にあります。しかし、「キーキー鳴るタイヤに油を差す」というこの例えは少々古くなってきたように感じます。そこで、新しい英語を作っちゃいましょう！

　まず、「要求する」は **demand** がピッタリですね。「勝ち」は **win** ですが、単に **demand and win** と並べるだけではゴロが悪いし、パンチに欠けます。その時、ふと小学校時代の光景を思い出しました。ガキ大将が落とし物を見つけて、パッと拾い上げるやいなや、**"Finders keepers, losers weepers!"** と落とした子に向かってあっかんべーをしたのです。拾った人は「もーらいっ！」、落とした人は泣きを見るという、子どもも大人もよく使うこの慣用句をまねて、**demanders winners** としました。

実際に使っちゃおう！（例えば機内で…）

What should we do? This flight is so delayed. Our connecting flight would be gone by the time we reach San Francisco.

I know...and I bet the airline is going to do absolutely nothing to compensate for it.

We should ask for another connecting flight. At this point, a refund would be useless. I don't want my money back. I just want another flight to Tokyo.

You're right. From my experience, this is really a **demanders winners** kind of situation. Let's race to the counter to secure those vacant seats as soon as we get off!

語注：**compensate**: 〜を償う、〜の埋め合わせをする / **refund**: 払い戻し、返金 / **race to**: 〜へ急ぐ / **vacant seat**: 空席 / **get off**: 降りる

女性A：どうしよう。このフライトかなり遅れてるよね。サンフランシスコに着くまでに乗継便が行っちゃうよ。

女性B：そうだよね……。しかもその便を逃しても航空会社は何の補償もしてくれないと思う。

女性A：別の乗継便を頼んでみようよ。この時点で、払い戻ししてもらっても意味はないし。欲しいのは返金じゃなくて、東京への別の便だよね。

女性B：その通りだね。私の経験からすると、これは言ったもん勝ちの状況だよ。飛行機から降りたらすぐカウンターまで走って、空いてる席を押さえよう！

> I bet the airline is going... の I bet は、「私は〜だと思う」という意味で使われています。bet にはもともと「〜に賭ける」という意味があるため、賭けてもいいくらい強くそう思っている、という確信度の高い場合に用いられます。

BJ's comment

「言ったもん勝ち」という日本語のフレーズが実は大好きです。本当にその通りだと思います。サッカーの場合、シュートを打たないとゴールを決められないし、人生だって黙って待っていても何も起こらない。橋本さんのご提案の demanders winners に賛成です。Finders keepers, losers weepers という慣用句からインスピレーションを得たとのことですので、後半があるとすれば、waiters weepers となるのかもしれません。

遠慮のかたまり

📖 意味：大皿料理などを食べている際に、残された最後の一つを指す。

私ならこうしちゃいます

piece for peace

残りの一つを平和に解決

　直訳すれば **lump of hesitation** になりますが、ここは「躊躇（ちゅうちょ）」というレベルにとどまらず、「最後の一つだ、どうしよう……」という心の葛藤を大げさに描いた方がインパクトが出るでしょう。

　あの最後の一つが残ったときの落ち着かない雰囲気（**awkward moment**）や一瞬の緊張感（**tension**）を表現したいところです。日本に限らず、最後の一つを取るタブー（**last-piece taboo**）は海外にもありますが、日本では絶対的なタブーというよりかはジレンマですよね？　最後の一つを取ってしまうのは悪いし、かといって残しちゃうのも作ってくれた人に悪いし……という葛藤です。

　そう考えると、**the "eat it or leave it" tension**（食べるか残すかの葛藤）と名付けてしまうのもアリです。これにしようかと一瞬迷った末に、「食べ物の恨みは怖いって言うし、最後の一つには手を付けない方が平和だ」という判断に寄せて、**piece for peace** に至りました。

　ただ、食べ物を残すのは悪いという観念もありますので、「遠慮なくいただきまーす！」と片付けてくれちゃった方がホッとしたりしますけどね！　**To be or not to be...**（生きるべきか死ぬべきか）と煩悶（はんもん）したシェークスピアのハムレットばりに、**"To eat or not to eat, that is the question."** と悩むべき大問題です（笑）。

Ooh, the last piece. Don't mind if I do...

Hands off! That's the *enryo no katamari*.

Huh? The *en* what?

Enryo no katamari. To avoid fights over food portions, it's best to leave the last piece as the "piece for peace."

Seriously? I thought *mottainai* culture meant we shouldn't waste food.

Hmm, good point.
I guess I'll have it, then.

Hey!

語注：**Hands off!**: 触らないで / **portion**: 〈料理などの〉一人分の量、一人前 / **waste**: ～を無駄にする

男性A：あっ、最後の一つ、もーらい！

男性B：ちょっと待った！ それは遠慮のかたまりだよ。

男性A：え？ 何それ？

男性B：争いを避けるために最後の一つは残しておくことだよ。

男性A：「もったいない」文化って食べ物を無駄にしないことじゃないの？

男性B：いいとこついてるね。じゃあ、もーらい！

男性A：おい！

会話文に登場する *mottainai* culture は、日本特有の考え方として英語圏でも近年認知されるようになってきています。ノーベル平和賞を受賞したケニアの環境保護活動家ワンガリ・マータイさんは、この言葉を世界に発信しました。

BJ's comment

私が以前勤めていた職場では、「オフィスをヘルシーに！」という人事部の取り組みで、毎週お菓子ではなくフルーツが届きました。ところが、金曜日になると誰も食べる人のいない最後のバナナ一本が必ず残され、腐っていました。まさに「遠慮のかたまり」。ですから、この日本語のコンセプトはよくわかります。橋本さんの **piece for peace** は、同じ音の言葉を選んでいて面白いし、考え方もポジティブで素敵ですね。まあフードロス反対派としては、残すくらいなら食べてしまいたいですが！（笑）

大人顔負け

📖 意味：一般に、子どもが大人より優れた技量や才能を持っていること。

私ならこうしちゃいます

outdazzle every grown-up

ギラッギラに輝いているさまを表現

　文字通り訳せば、**adults lose face in front of the child** になりますが、別に「子どもに負けたらメンツがつぶれる」と恥じているわけではなく、純粋に称賛していますよね？　だから、端的に言えば **outperform grown-ups**（大人よりも優れた技量を発揮する）が意味の本質になるでしょう。

　ただ、その実力が本当に大人を凌駕しているかどうかは測ったわけじゃなく、「まだ子どもなのにすごい！」と感嘆しているわけですから、**outperform**（より高い技量を発揮する）という客観的な比較ではなく、「輝いてるねぇ！」と絶対的に褒めているニュアンスを出したいところです。そこで、**shine**（ピッカーンと光る）、**sparkle**（キラキラ輝く）などの単語をリストアップし、そこから連想して **outdazzle**（大人よりもギラッギラに輝く）という最強のニュアンスを発揮してくれる表現を選びました。

　また、**every** を入れることで「例外なく全ての大人よりもすごい」というニュアンスを強調しています。「おおっ！　圧巻だ。まぶしい！」と褒めている感じは出ていますでしょうか？　スポーツや芸術、学問や趣味の分野で、磨けば光る原石がわんさか出てくることを期待しています。

実際に使っちゃおう！（例えば演奏会で…）

 Wow! This kid plays violin wonderfully.

I don't think I've ever heard a grown-up play like that.

 Me neither. I think he **outdazzles every grown-up.**

Well said! He outdazzles professional violinists, for that matter.

Look—He won a $10,000 prize!

Wow. He sure has an amazing career ahead of him.

Yeah. Now I'm feeling jealous...and old too!

語注：**grown-up**: 成人、大人 / **prize**: 賞金 / **ahead of**: 〜の前に / **be jealous (of)**: 〜をねたむ、嫉妬する

会話文意訳

女性：おぉ！　あの子はバイオリンがすごくうまいね！

男性：大人でもなかなかあんなふうには弾けないよ。

女性：そうだね。大人顔負けだね。

男性：よく言った！　大人よりギラギラに輝いてるバイオリニストだね。

女性：見て！　彼は１万ドルの賞金を取ったよ。

男性：おぉ。前途洋々だね。

女性：ほんとに。嫉妬しちゃうよ。しかも、自分はもう年なんだって感じちゃう。

 会話文中の Well said. は、「その通りだね！」「ご名答！」といった意味で使われます。自分が思っていたことをズバリ言い当ててくれたときに使える相づちです。

BJ's comment

「outdazzle」という動詞は大好きで、広めたいです。橋本さんがおっしゃる通り、元の日本語を直訳するとネガティブなニュアンス（lose face）も含まれているんですが、**outdazzle**という言葉でポジティブ思考に切り替えていて良いですね。

　子どもの話ではないんですが、スポーツや芸術だけでなく、仕事場でも、マネジャーとして自分を **outdazzle** する部下を育てたいです！　それがマネジャーの使命だと思っています。マネジャーの根本でもあり、自分の仕事量も減りますから！

恩着せがましい

ダウンロード
04

📖 意味：恩恵を施して、いかにも感謝しろと言わんばかりの態度のこと。

私ならこうしちゃいます

yommish attitude

「態度」に注目すれば、イラっとする略語が完成

　「恩」といえば、**I owe you.** (借りがある) とか、**How much do I owe you?** (いくら支払えばいい?) といった文章で使われる **owe** という単語が鉄板です。「やってあげたんだから感謝してよね」というニュアンスには **You owe me.** というフレーズがピッタリですので、これを積極的に使っちゃいましょう!

　次に「恩着せがましい」という表現全体に目を向けます。これは、態度を表す言葉ですよね?　「態度」といえば、**attitude** がこれまた鉄板ワードです。使い方としては、例えば **relaxed attitude** なら「余裕のある、くつろいだ態度」になりますし、**good attitude** なら「良い態度」になります。一方で、**He has an attitude.** というふうに **attitude** を単体で使えば、「あの人、生意気だよね」という意味になります。つまり、この一言で横柄、偉そう、生意気といったイラっとする感じを表現できちゃうんです。

　最後に、**-ish** ですが、これは「〜っぽい」という曖昧さを表現する言葉です。名詞＋ **ish** を組み合わせれば形容詞になりますよね?　例えば、**childish** (子どもっぽい)、**greenish** (緑っぽい)、**sluggish** (なめくじっぽい＝のろのろした) などです。このように、**you owe me** (やってあげたからね) 的な態度に **-ish** をつけて、**You Owe Me ish** とし、頭文字をとって略語にすれば、何だかイラっとする感じの英語の完成です!

実際に使っちゃおう！（例えば会社で…）

Ugh, my boss! I can't stand his **yommish attitude**. He makes all these changes to my slides and then makes a point of telling me that the presentation was successful because of him.

Wow. That is annoying yommishness. You know what? If he's willing to contribute so much, maybe he should work for you and not the other way around.

Oh, you can say that again!

語注：**stand**: 〜を辛抱する、我慢する / **make a point**: 主張する / **be willing to do**: 〜することに意欲的である、喜んで〜する / **the other way around**: 反対に、逆に

24

会話文意訳

女性Ａ：上司め！　彼の "やってあげたからね" 的な態度に耐えられないよ。私のスライドをいろいろ変更して、「俺のおかげでプレゼンは成功した」って言うんだよ。

女性Ｂ：わぉ。それは迷惑な態度だね。っていうか、彼がそんなにあなたに貢献したいなら、逆に彼があなたに仕えるべきじゃない？

女性Ａ：まったくその通りだよ！

 You know what? は、会話を切り出すときによく使われる言い回しです。「ちょっと聞いてよ！」といったニュアンスがあり、その次に伝えたいことが来ます。

BJ's comment

意味がパッとわからなくても、**-ish** が引き起こす響きだけで、「なんとなくこいつが良くない」という印象がネイティブスピーカーには自然に伝わると思います。**childish**（子どもっぽい）、**greenish**（緑がかった）、**sluggish**（怠惰な、のろい）の他にも、「下品な」を意味する **yobbish** に近いので。

余談ですが、橋本さんが解説の中で持ち出している **I owe you.** は、英語では **IOU** と表すことがありますよ！　これは頭文字ではなく、単語のサウンドをそのまま文字にしています。

変わり種

📖 意味：普通のものとは違った種類のこと。

 a la maverick

変わり種＝異端児流

　「変わり種」を一言で表すなら quirky です。普通とは違った種類や、風変わりな人を指しますが、世間ではより広い意味で、珍しい（rare、unusual）とか、独創的な（unique）といったニュアンスで使われています。また、食べ物や飲み物、芸術作品、各メーカーが出している商品などにも「変わり種」はよく出てきますよね。

　そこで私は、チョコレートの串揚げ、鮎の入ったラーメン、斬新なスニーカー、青いバラなんかもあるなぁ……といろいろ考えて、いったん、「変わり種＝blue rose」と置いてみました。しかし、検証してみるとギョッとする結果に！

　例えば、「変わり種！ パイナップル入り餃子」というメニューを訳すとしたら "blue rose" gyoza with pineapple filling となります。うっ、なんか頭が混乱する〜！ 黄色いものをイメージすればいいのか、はたまた青いのか。さらに、バラの香りと餃子の香りが脳内で混ざり、ひたすらまずそう（笑）。これはやっぱり具体例で訳すのではなく、独創的な英語を作っちゃった方が良いという判断に至りました。maverick は「異端児」、a la はフランス語で「〜風に、〜流に」です。二つ組み合わせて、我が道を行く「異端児流」の出来上がり！

　「アラカルト」を彷彿とさせる音感ですので、食べ物との親和性も良いでしょう。皆さんの好きなア・ラ・マーベリックは何でしょうか？ お聞かせいただけたら嬉しいです！

実際に使っちゃおう！（例えば昼休みに…）

Hey Jenny, we're going to this quirky ramen shop for lunch. Wanna come?

Sure! What's quirky about it?

Well, they have all sorts of unusual noodles with eccentric toppings, like blue cheese, oysters, and fried potatoes.

Ah, I know that place! We call it Ramen a la Maverick. The owner has an eccentric vibe himself, right?

I know! He's definitely the Monsieur Maverick type!

語注：**eccentric**: 一風変わった、普通と違う / **vibe**: （人などから受ける）雰囲気、印象、感じ

男性：ねえ、ジェニー、今からお昼に変わったラーメン屋さんに行くんだけど、一緒にどう？

女性：行きたい！　変わってるって、何が？

男性：普通じゃないトッピングのラーメンが揃ってるんだ。ブルーチーズにカキ、フライドポテトとかね。

女性：ああ、その店知ってる！　「変わり種ラーメン」って呼んでるの。店主もちょっと変わった雰囲気の人だよね。

男性：わかる〜！　まさに「ムッシュ異端児」って感じでね。

　Wanna...? は（Do you）want to...? の省略形と考えます。ここでの会話のように、カジュアルに人を誘うときに使える表現です。

BJ's comment

変わり種を maverick で表しているのが素晴らしいですね。maverick は良い意味でルールに縛られない変わった人のことを指すときに使えます。たとえ規則があっても自分なりのスタイルでやりたいことをやる、という少しロマンチックなニュアンスです。

　仕事では、上からの承認なく予算を使ってしまったことがバレたときにも使えます。I didn't mean to break the rules. I just went a bit maverick!「ルールを破るつもりはなく、ちょっと maverick をしてしまっただけ！」と上司の遊び心にアピールして、自分のミスを許してもらいましょう。

客寄せパンダ

📖 意味：人々を引き付けることだけに長けている存在を皮肉っていう語。

私ならこうしちゃいます

bait in a mascot costume

客寄せパンダの実態はただの bait（エサ）！

　既存の表現に **crowd puller** というのがありますが、これはストレートに「大勢の観客を引き寄せ、喜ばせる人」という意味です。従って、「客寄せパンダ」という表現が含む軽い皮肉めいたニュアンスは出ていません。

　確認のために **crowd puller** で画像を検索すると、有名人を一目見ようと群がる大観衆の写真がたくさん出てきました。一方、客寄せパンダで画像検索をすると、ひたすらパンダのイラストばかり（笑）。たまに著名人の写真があると、決まって「ただの客寄せパンダではない」というコメントが付いていたので、やっぱりこれがポイントだよね、と膝を打ちました。

　つまり、「客寄せパンダとはどういう存在か？」という本質を考えると、パンダは当然どうでもいい（し、訳したところで通じない）わけです。そこで、意味の本質を見据えると、**mascot → bait** という図式が頭に浮かびました。**mascot** というからには人気キャラ的な存在かと思いきや、「いやいや、実体はただ客を集めるための **bait**（エサ）でしょ」と皮肉をこめて落とす、合わせ技です！　単なる「人気者」なら **idol** ですし、「集客の目玉」なら **the main attraction** で済むはずです。わざわざ「客寄せパンダ」というからには、やっぱり少々皮肉を込めて使われると考えた方が良いでしょう。

　なので、「実力というよりは話題性やルックスで、置いておけば客が寄ってくる」というニュアンスを込めました！　これを客寄せパンダとなる本人が言えば自虐ネタになり、さらに笑えるでしょう。**I'm just the bait wearing a mascot costume!**（私なんて単にマスコットの着ぐるみに身を包んだ、集客のための釣りエサですよ）……ちょっぴり返答に困りますけどね（笑）。

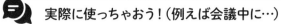
実際に使っちゃおう！（例えば会議中に…）

All right, team. What ideas do you have to bring 800 guests to our tech conference next month?

I have this great idea. How about inviting a comedian onto the stage? It should be a great crowd puller.

Seriously? That's obviously just **bait in a mascot costume**! This is a tech conference for goodness sakes. A comedian will totally ridicule the event and tarnish our corporate image.

Don't worry, I'm sure we can pull some tech geek jokes!

語注：**conference**: 会議、協議会 / **crowd puller**: 大勢の観客を引き付ける人 / **ridicule**: 〜をあざ笑う / **tarnish**: （評判・名誉などを）汚す、傷つける / **pull a joke**: ジョークでからかう

男性A：さて、皆さん。来月のテクノロジー会議で800人を集めるための案はありますか？

男性B：いい考えがあります。ステージにお笑い芸人を呼ぶのはどうでしょうか。聴衆を引き付けるはずです。

男性A：本気で言ってます？　そんなの明らかな客寄せパンダじゃないですか！　これはまじめなテクノロジー会議ですよ。お笑い芸人なんか呼んだら完全な冷やかしだし、わが社のイメージを損ねます。

男性B：心配しないでください。テクノロジーオタクの喜ぶネタで笑わせられるはずです！

会話文の最後に **tech geek** とありますが、**geek** は「オタク」という意味。その他にも、同じような意味を持つ単語に **nerd** や **freak** などがあります。

BJ's comment

　元々の日本語は知らなかったんですが、面白い表現ですね。本当にパンダだけで集客できますよね。でも、いざ動物園に行ったら、一番パフォーマンスがだめなのは、当のパンダ。座って笹を食べているだけなんですから。

　実は私の一番好きな動物はパンダではなくレッサーパンダ。英語では **red panda** と言います。しかも、レッサーパンダとはいうものの、遺伝学的には **raccoon**（アライグマ）に近いそうです。

食わず嫌い

📖 意味：食べたこともないのに嫌いだと決め込むこと。

私ならこうしちゃいます

avoid...like the natto

外国人が試しもせずに何かを嫌う場面とは？

　昔、某番組に「食わず嫌い王決定戦」ってコーナー、ありましたよね。平気なふりをして嫌いな物を我慢して食べる出演者が、最後に「参りました！」と降参する前のポーカーフェースが特に面白かったなぁ！と思い出しました。ただ、あれはあくまでテレビ番組の中での演出です。日常生活における「食わず嫌い」という言葉の用途は、食べ物に限らず何かを **dislike without trying**（試しもせずに嫌う）とか、**have a prejudice against**（〜に対してよく知らずに偏見を持つ）ことですよね。

　さらに、ここでは英語で伝えるというミッションを意識して、外国人の感覚をしっかりと勘案しておく必要があります。そこで、外国人が試しもせずに何かを嫌うシチュエーションって何かなぁ？と、彼ら目線でいろいろと思案してみました。

　ただ、言葉の汎用性を考えると、やっぱり、食べ物に戻っちゃいました！外国人にとって、おいしさを理解することが最も厳しい日本食の一つが納豆です。**avoid...like the natto** の構文は、**avoid...like the plague**（…をまるで疫病のように忌避する）という既存の表現に着想を得ました。

　用例としては、遊園地で "**Let's try the roller coaster. C'mon, you're avoiding it like the natto. It's actually great!**" というふうに使えるでしょう。

　試しにネットで **natto Japanese food** と動画検索をしてみたら、全力で抵抗している外国人の「食わず嫌い」リアクションが出てきました。もう匂いをかいだだけで無理なんでしょうね……。あれで「食わず嫌い王決定戦」に出たら敗北決定だな。おいしいのに（笑）。

So what are we doing today on our exciting trip in Gifu?

Well, hurry up and finish your breakfast because I'm taking you somewhere special today.

Speaking of this Japanese breakfast, it's the natto that I just can't take.

What a pity! It's so tasty and good for your health!

Um...let's change the topic. So what are we doing today?

We're taking you to a bungie jump. We're gonna jump off the highest bridge in Japan!

Absolutely not! I do not enjoy risking my life!

Ah...now you're **avoiding it like the natto.** You gotta try it before you judge it!

語注：**hurry up and do**: 急いで〜する / **speaking of**: 〜と言えば / **tasty**: おいしい、風味のきいた / **jump off**: 〜から飛ぶ / **risk**: 〜を危険にさらす

会話文意訳

女性Ａ：ところで、この楽しい岐阜旅行で今日は何するの？

女性Ｂ：うん。まず急いで朝ごはんを食べてよ。今日は特別な場所に連れて行くからさ。

女性Ａ：日本の朝食と言えば、この納豆だけは受け付けないんだよ。

女性Ｂ：残念だねぇ。超おいしいし、体にも良いのに。

女性Ａ：うーん、話を変えよう。で、今日は何するんだっけ？

女性Ｂ：バンジージャンプに連れて行こうと思ってるんだ。日本一高い橋から飛び降りようよ！

女性Ａ：絶対嫌だ！　命を危険にさらすなんて楽しくない！

女性Ｂ：あ、納豆みたいに食わず嫌いしてるね。物は試しって言うじゃない！

4つ目の吹き出しの **What a pity!** は、「それは残念」「かわいそうに」といった同情の念を伝える表現です。

BJ's comment

　　納豆がまあまあ好きな外国人の私としては、代わりに「白子」とかもいいのでは？と思いました。実際に納豆が嫌いな外国人よりも、外国人は納豆が嫌いだろうという偏見を持っている日本人が多いような気がするんですよね。白子好きな外国人の方が少ないと思います。ただ、**avoid...like the shirako**、説明的に、**avoid...like the cod sperm sack** と会話の中で言うと、あまりにもグロテスクな表現になるので、**natto** の方が安全ですね。普遍的な表現を作る橋本さんの技が光っています。

事なかれ主義

📙 意味：他との摩擦を避け、とにかく平穏無事に過ごそうとする消極的な態度。

私ならこうしちゃいます

don't-light-the-TORCH attitude

ただの torch（たいまつ）ではありません

　もし通訳の現場で「事なかれ主義」が出たら、**"no-turbulence-ism"** と私なら訳すでしょう。**Let sleeping dogs lie.** ということわざのように、寝た子を起こさない、波風立てたくない気持ちを表しています。**turbulence** は動揺、混乱、飛行機を揺らす乱気流のことですから、波風のイメージに合っていますね。ところで、事なかれ主義の「事」ってなんでしょう。外国人に説明するとしたら、なんと言いますか？　一言で表すなら **issues**（問題）、あるいは **incident**（出来事、事件）かもしれませんね。

　でも実際の用例を考えてみると、日本語特有の含みがいろいろありそうです。この多面的なニュアンスを丁寧に表現できる英語はないかな？と考えた結果、**don't-light-the-TORCH attitude** が思い浮かびました。「その問題に火を付けないで」という **attitude**（姿勢）です。なぜ torch（たいまつ）を大文字にしたのか？　それは **Trouble**（厄介）、**Obligation**（義務）、**Risk**（リスク）、**Change**（変化）、**Hassle**（面倒）の頭文字を並べた私の造語だからです！争いを避け、穏便に取り計らおうとする姿勢は必ずしも悪いことではないですが、取り組むべき問題から目を背けたり、義務から逃れたり、変化を嫌ったりするのは良くないですね。

　余談ですが、頭文字 **C** についてはたくさんの厄介事が思い浮かびました！**Challenge**、**Conflict**、**Collision**、**Confrontation**、**Clash**、**Complication**、**Confusion**... おいおい、もうええわ！　**TORCCCCCCCCH** になってしまいそうなので、この辺でやめておきます。

実際に使っちゃおう！（例えば夫婦で…）

Honey, you really need to clean out the shed. There's way too much clutter, and the shelves are about to collapse under all that load.

Oh, don't go there.

What do you mean "Don't go there"? Do go there, please, and get rid of all the junk you've hoarded over the years!

There's no junk, and there are certainly no collapsing shelves.

Oh, you and your **don't-light-the-TORCH attitude**. You think you can just pretend not to see? Turn the light on and clean it up!

語注：**shed**: 物置小屋 / **clutter**: 散らかりの山 / **load**: 積み荷 / **get rid of**: 〜を処分する / **hoard**: 〜を蓄える、ため込む

妻：ねえ、物置の掃除してよ。散らかりすぎ。物が多すぎて棚が倒れそうなんだけど。

夫：あー、その話は出さないで。

妻：その話は出さないでってどういう意味よ。物置に行って、何年もため込んできたガラクタを片付けて！

夫：ガラクタはないし、倒れそうな棚なんて一切ないよ。

妻：もう、「事なかれ主義」なんだから。見えてないふり？ 電気をつけて掃除して！

☑ don't go there は、「その話をしないで」という意味。その次の奥さんのセリフ **Do go there** は、この慣用句にかけて、実際に向こう（物置）に行ってきて！とたしなめているんですね。英語の言葉遊びです。

 BJ's comment

「事なかれ主義」ってすごく日本らしい言葉だと感じます。日本で仕事をして、たまに自己主張をしすぎてグループの「和」を破る癖のある外国人の私としては、「事なかれ主義」という言い方をもう少し早く知っておいた方が良かったかも！
外資系企業で仕事をしている読者の皆さんは外国人の同僚に **don't-light-the-TORCH attitude** を広げて、その大事さを教えてあげてください。

幸せ太り

📖 意味：結婚などの幸せな出来事をきっかけにして太ること。

私ならこうしちゃいます

newlywed fat

着想の源は baby fat

　このお題をいただいたとき、パッと思いついた英語はなぜか **birthday suit** でした。皆さん、**birthday suit** はどんな洋服でしょうか？ ご存じの方もいらっしゃると思いますが、これは「生まれたままの姿」つまり、素っ裸のことです。

　この **suit** という婉曲表現を使って、**happiness suit** とすれば、「幸せのために身に付いた脂肪のスーツ」という英語を作れるかなと考えたのです。

　試しに、英語を勉強中の日本人に「どう？」と尋ねてみたところ、「なんか太ってる感じが出ていない気がするんだけど」とごもっともな指摘をいただきました。確かに、**happiness suit** は単なる名詞ですが、日本語の「幸せ太り」は、ムクムクと肥えていく、その「変化」を捉えた名詞なのでしょう。

　つまり、**gaining weight due to increased happiness**（幸せによって体重が増えていっている）という動詞のニュアンスの方が合いそうです。

　ここまで考えて、次にパッと思いついた英語は、なぜか **baby fat** でした！意味は2つあって、1つは赤ちゃんのプニプニした脂肪、もう1つは、ママが妊娠中に身に付けた脂肪のことです。2つ目については妊産婦さん向けのサイトに **"How to get rid of your baby fat"**（産後の贅肉の落とし方）という見出しが常に出ているくらいですから、定番の英語フレーズです。

　幼児にせよ産後ママにせよ、これらの **fat** は特定のライフステージで一時的に身に付く脂肪のことですから、新婚さんの場合にも使えるのではないかと考えました。結婚した途端、油断して身に付いてしまった贅肉、あるいは二人で自炊したご飯がおいしくて太ってしまった状態などを表現したいときに、笑顔で使ってほしい言葉です！

実際に使っちゃおう！（例えば新婚さんと…）

Hey, long time no see! Last time I saw you was at your wedding reception. How's the new life going?

It's great, I mean...yeah, it's fine. Although I must admit it is a new lifestyle and there is some adjusting to do.

What do you mean?

Well, I've gained some weight. See? I'm wearing a skirt with an elastic band. I've grown bigger, because every day I wait to dine with my husband who comes home late.

Ah, don't worry. That's just **newlywed fat**, a sign of happiness!

Not at all. Going at this pace, I'm afraid I'll look totally different in several months' time.

語注：**wedding reception**: 結婚披露宴 / **admit (that)**: ～であると認める /
gain weight: 太る / **elastic band**: ゴムバンド / **dine**: 食事をする

会話文意訳

女性A：久しぶり！　最後に会ったのは披露宴のときよね。新生活はどう？

女性B：いい感じ……いや、まぁ大丈夫。新しい生活スタイルだから、慣れない部分もあるんだけどね。

女性A：どういう意味？

女性B：ねえ、私ちょっと太ったでしょ？　ウエストがゴムのスカート履いてるの。毎日、旦那が遅くに帰ってくるのを待って一緒に晩ご飯食べてるから。

女性A：ああ、心配ないよ！　ただの幸せ太りよ、幸せな証拠！

女性B：全然そんなことないわよ。このペースで太っていったら、数カ月後には別人になっちゃう。

会話文の中で、**Not at all.** は、「全くそんなことない」と相手の発言などを否定するために使われています。このほか、お礼を言ってくれた相手に対して「どういたしまして」と返事をするときにも用いられます。

BJ's comment

　「幸せ太り」は夫側に多い気がしますが、きっと日本でもそうでしょう。確かに私は結婚後、毎晩デートの気持ちで食後にデザートを食べていました。挙式のスーツにピッタリ合うよう結婚前に毎日通っていたジムの回数も減り、少し **chubby hubby**（ぽっちゃりした旦那）となった時期もありました。**newlywed fat** はいい訳ですね。けど、奥さんに向かって使うと少し危険かも？　想像するだけでも怖いですよ。「何て言ったの今？」という返事が来て、今までの新婚生活の幸せが一気に崩れてしまう気がします（笑）。

勝負服

📖 意味：ここぞというときに着るとっておきの服。

私ならこうしちゃいます

GGG (Go-Getter Gear)

勝ちに行く日のファッションを略語で表現

皆さん、ひねりの効いた表現は何か思い付きましたか？　**victory outfit**、**battle suit** といった直訳をすると、ネイティブの感覚ではスーパーヒーローや鎧兜のルックスを連想させてしまいそうです。そうではなく、日常生活においてキメなきゃいけない大切な場面にちょっとした願掛けのような気持ちを込めて服を選んで行くことですよね。また、ほとんどの場合ユーモアを効かせて「勝負服」という表現を使っているはずです。真顔で「私、明日は勝負服を着て行きますね」と言っている人がいたら、それはそれで面白いけれど（笑）。

このクスッと笑えるエッセンスを生かすべく、**GGG** という英語を作っちゃいました！　最初の **GG** は **go-getter**（狙ったものは勝ち取りにいくよ！と、モチベーションが非常に高い人）という既存の英語です。そして、3 つ目の **G** は **gear** です。スポーツギアという言葉があるように、単なる服ではなく高いパフォーマンスを発揮するためのアイテム、という意味ですね。**GG** といえば、**Go get 'em!** というフレーズもありますが、これは **go-getter** とは大違いで、応援するときの「やってこい！」という激励の言葉ですから、**go get 'em gear** にすると、どちらかと言えば「応援服」になっちゃいます。

このように、ちょっとした差で全然違う意味になってしまうのが言葉の怖いところでもあり、面白いところでもあります。皆さんも新しい訳を作る際は、大胆にアイデアを展開することも大切ですが、細部のチェックも忘れずに。**a** なのか **the** なのか、単数系なのか複数形なのか、さらに時制に至るまで、こだわってみてくださいね。

Sorry to be late! I'm all set for today's meeting. See? I'm in my **GGG**.

GGG? Good Gracious it's Ghastly!
Jane, are you out of your mind? You're dressed in pink from head to toe!

Yes, this is the perfect outfit to boost my confidence and energy.

Could you think Japanese style for just one day? We're meeting the most traditional financial institution in Japan. Come on, we need an FFF. Let's Fix this with Fast Fashion. I see a store right there. Let's go!

語注：**be all set for**: 〜の準備ができている / **ghastly**: 恐ろしい、ぞっとする / **be out of one's mind**: 正気の沙汰ではない / **toe**: つま先 / **outfit**: 服装一式 / **boost**: 〜を高める、増進させる / **confidence**: 自信 / **fix**: （衣服などを）整える

会話文意訳

女性A：遅れてごめん！　今日の会議の準備はばっちり。見て。勝負服着てきたの。

女性B：GGG?　信じられないくらい悪趣味よ！　ジェーン、あなた正気？　全身ピンク色じゃない！

女性A：そうよ。自信とエネルギーを高めてくれるの。

女性B：ねぇ、今日だけでいいから日本流にお願いできない？　今から日本一由緒ある金融機関と会うんだから。FFF しよう！　ファストファッションでフル修正よ。ほら、あそこにお店がある。行きましょ！

good gracious は間投詞で、「おやまあ」といった意味。ここでは、**Good Gracious** と **Ghastly** で第二の **GGG** を形作っています。さらに、**Let's Fix this with Fast Fashion** と **FFF** まで登場。本書の会話文、実は全て橋本さんによるオリジナルなんですが、このように遊び心が随所に見られます。

BJ's comment

「勝負服」という言葉の裏にあるフィロソフィーがよくわかる表現ですね。私は **GGG** は持っていませんが、**lucky socks**（運の良い靴下）ならあります。自分の結婚式や大きな営業などの重要なイベントで必ず着用するようにしています。その **lucky socks** は、黒色の地味な、ごく普通の靴下ですが、一回も裏切られたことはありません。いつも大事に保管しています。たまに特別なことに取り組むときは、**GGG** で気持ちを作っていきましょう！

（気持ちの）すれ違い

 意味：両者の考えや気持ちにずれがあってかみ合わないこと。

a broken zipper

反対語から連想するのも一つの手

　「すれ違い」って、文脈によって意味がいろいろありますよね。例えば、認識が合っていない（**not be on the same page**）、意思疎通ができない（**be on different wavelengths**）、人生において接点や縁がない（**our paths don't cross**）などなど、既存の英訳にも多様なバリエーションがあります。

　このように、一つのフレーズの用途が幅広く、英訳する際になかなか焦点が定まらないときは「反対語は何か?」と考えてみるのも手です。そうすると、「すれ違い状態」の反対は、相性ピッタリ（**good chemistry**）、お似合いの組み合わせ（**a perfect match**）などが思い浮かびます。ピッタリとかみ合って、物事がスムーズに進むというイメージから、左右が上手に連携し、スーッと開閉してくれるジッパーを連想しました。ところが、古くなったバッグや洋服などのジッパーが劣化してガタついてくると、うまく閉まらなかったり開かなくなったりしますよね。今回はそのイメージを単純に英語で表現しました。こういうふうに動いてほしいと願っているのに、相手はそうはならない、というフラストレーションが表れているでしょうか?　そうそう、ボタンの掛け違い（**start from the wrong button**）という既存の表現もありました!　こちらも併せて使っていけるといいですね。

　ちなみに、**a broken record** は全然違う意味ですが、フレーズの構造が同じなので、セットで覚えておくとお得です!　※ p.173「耳にタコができる」参照。

実際に使っちゃおう！（例えば同僚と…）

I don't think the CEO and CFO are getting along so well recently.

What's wrong? Are they like oil and water?

No, I'd say the two of them are more like **a broken zipper**. They both want the best for the company, but they have very different views. It seems like they just can't work in tandem.

I see. Well, speaking of **broken zippers**, we should zip up our mouths and stop gossiping now! The CFO is coming right this way.

語注：**get along well**: 仲良くやっていく / **in tandem**: 協力して / **speaking of**: 〜と言えば / **gossip**: うわさ話をする、無駄話をする

男性：最近、CEO と CFO の仲があんまりよくないと思うんだ。

女性：どうして？　水と油みたいな感じなの？

男性：いや、どちらかというと壊れたジッパーって感じ。二人とも会社にとってベストな判断をしたいんだけど、考え方が全く違うんだ。一緒に働けないみたい。

女性：なるほどね。壊れたジッパーと言えば、うわさ話は今すぐやめてお口チャック！　CFO がこっちに向かって真っすぐ来てるよ。

> zip up one's mouth は口を閉じる、という意味。日本語でも「口をチャック」という表現がありますね。直前の文の broken zipper に関連させたイディオムです。

BJ's comment

「すれ違い」から like ships in the night というフレーズを思い出しました。これは、「すれ違い」の持つ意味のうち「人生において接点や縁がない（our paths don't cross）」の部分にしか当てはまらないのですが、素敵なフレーズです。夜の船のように、近くにいたのに実際に会っていないか、お互いに気付かなかった二人のことを指しています。

そもそも論

> 私ならこうしちゃいます

📖 意味：話や議論を事の発端や起源に立ち戻り、改めて説き起こすこと。

questioning the first place

定型句を基に言葉遊びを盛り込む

　会話で「そもそもさぁ」と切り出す場合は **to begin with**、**in the first place** という既存のフレーズがありますが、この「そもそも」に「論」を付けるとどうなるでしょうか？　この「論」の扱いについては、**cosmology**（宇宙論）のように **-ology** を付ける言葉もありますが、**hindsight**（結果論）、**generalization**（一般論）、**skepticism**（懐疑論）など、**-ology** で終わらないパターンも多数ありますので、「論」は自由に訳して大丈夫です。

　それよりも、本質的な意味を表すキーワードとして、**questioning**（追及）を選んだことがポイントです。「そもそも論」って核心を突いていたり、議論を脱線させたり、詭弁だったりするので、何だか追及されている気持ちになりませんか？　「そもそもどうしてそうなるわけ？」と問いただされたときの、あのドキッとする、あるいはイラッとする感じを表現しました。

　次に、**in the first place** という定型句から **place**（場所）という単語を切り出して、「そもそも」を「スタート地点」という意味合いに掛けた言葉遊びをしてみました！　もちろん、前提として **in the first place** という定型句を知っている必要がありますが。「ファーストプレイスがどこかって？　そんなふうに問題のスタート地点（原因）がどこかなんて尋問されても困るわ！」という具合に使っていただきたいフレーズです。

実際に使っちゃおう！（例えば夫婦で…）

Hi, I'm home. Wow—so many Danish pastries! Are we having guests over?

Uh, well, no. They're all for me—I mean us!

Seems a bit much for just the two of us.
Weren't you cutting down on sugar?
Why did you buy so many in the first place?

Well, I found this charming bakery down the street, and they were just irresistible. Oh, stop **questioning the first place** like that! I feel guilty enough as it is.

語注：**have...over**: …を家に招いてもてなす / **irresistible**: たまらなく魅力的な / **feel guilty**: 罪の意識がある、後ろめたい

夫：ただいま〜。うわ！　デニッシュがこんなに！　お客さん来るの？

妻：いや、全部私が……じゃなくて、二人で食べようと思って！

夫：二人で食べるには多すぎるでしょ。糖質控えてるんじゃなかったっけ？　そもそも、どうしてこんなにたくさん買ったの？

妻：だって、近所に素敵なパン屋さんを見つけて……誘惑に勝てなかったの。っていうか、そもそも論はやめてくれる？　ただでさえ後ろめたいんだから！

　3つ目の吹き出しの冒頭の文では、主語の It が省略されています。会話文では、このようにしばしば主語が省略されることがあります。

BJ's comment

橋本さんのご提案が的を射た表現で良いですね。まさに話の first place を追及する人の姿が浮かびます。そして、私は会社の打ち合わせで questioning the first place を出す人が苦手です！　もちろん、たまには必要です。どうしてこの話をしているのかを問いかけるべきときもあるんですが、私が経験してきた限りでは、「そもそも論」は物事の決断を回避する策にすぎない場合も多いのです。長い時間をかけて話し合い、いろんなポイントを順番につぶして次のステップに踏み出す直前に、「そもそも論」が出てきてしまい、ミーティングが白紙状態に戻るなんてことも。そもそも何のためのミーティングだったのかと、途方に暮れてしまいます。

駄菓子

 意味：素朴で安価なお菓子のこと。

私ならこうしちゃいます

bite-size nostalgia

現代の解釈を英語に反映！　キーワードは nostalgia

　「駄菓子」と聞くと、日本で生まれ育った人なら懐かしい情景が思い浮かぶのではないでしょうか。お店をぐるっと見回したときのワクワク感、大好きだったお菓子の味、当たりくじの高揚感。このハイコンテクストな言葉を外国人に伝えるのは至難の業です。*Wagashi* are high-quality, elegant confectionaries usually served with green tea, while *dagashi* are cheap little snacks for daily occasions. （和菓子は上質で優雅なお菓子のことで、通常抹茶とともに提供されます。一方、駄菓子は日常的に食べられる安価で小さなお菓子のことです）といった説明ならできますが、一言で表すにはどうすればよいでしょうか？

　昔は上白糖を使った高価な「上菓子」に対し、黒砂糖や水あめといった安価な材料で作られた大衆的な菓子を「駄菓子」と呼んでいたようですが、今はお砂糖が普通に手に入る時代です。そこで、いっそのこと現代の解釈を英語に反映してみましょう！

　例えば、「手に取ると懐かしさが込み上げてくる一口サイズの楽しいお菓子」と定義してみると、どうでしょうか？　キーワードは **nostalgia**（懐古の情）にしました。これに「小さく個包装され、気軽に楽しめる」という意味の **bite-size**（一口サイズ）を組み合わせ、**bite-size nostalgia** という表現の出来上がり！　日本語に訳し戻してみると「一口サイズの懐かしさ」って感じです。令和の時代ならではのレトロな解釈として、大人に使っていただきたいメタファー（暗喩）です。

実際に使っちゃおう！（例えば友達と…）

 Since this is your first visit to Japan, I want to take you to this cool *dagashi-ya*. It's like a retro, one-coin candy shop.

Dagashi? I know *wagashi*, but what's *dagashi*?

They're cheap little snacks and sweets— special treats we used to buy from neighborhood shops when we were kids.

Oh, you mean like lollipops and gumballs?

Yeah, the Japanese versions of those. The appeal lies in their power to take us down memory lane—like **bite-size** doses of **nostalgia**!

語注：**retro**: 懐古趣味の、レトロな / **treat**: おやつ / **take...down memory lane**: …を過去への感傷的な思いに浸らせる

男性A：初めて日本に来たんだから、クールな駄菓子屋さんに連れて行ってあげたいな。レトロなワンコインのお菓子屋さんだよ。

男性B：駄菓子？　和菓子は知ってるけど、駄菓子って何？

男性A：安くてちっちゃいお菓子だよ。子どもの頃、近所のお店で買ってた、とっておきのおやつさ。

男性B：ああ、ぺろぺろキャンディーとかガムボールみたいな？

男性A：うん、そういうやつの日本版だね。駄菓子の魅力は、子ども心に戻れる一口サイズの懐かしさなんだよ！

 冒頭の **since** は、自明の真理や周知の事実が理由になっているときに好んで用いられる接続詞です。

BJ's comment

　イギリスで育った私にとっての **bite-size nostalgia** は、**gobstopper** です。読者の皆さんにはなじみがないものだと思います。**gob** は口を意味するイギリスのスラングです。ちなみに、うるさくて厄介な人は **gobby** と言います。**gobstopper** は、かんでもなかなかかみ切れず、ガムに近い **chewy** な（かみ応えのある）飴で、1個を食べ終わるのに数分かかります。その間に自分の **gob** が **stop** させられるからこんな名前が付けられています！　ちなみに、アメリカ英語では、同じ飴が **jawbreaker**（顎を折るもの）と呼ばれているらしいです。さすがにイギリスの英語の方が優しい表現ですね！

亭主関白

📖 意味：家庭内で夫が妻に対して支配者のごとく威張っていること。

私ならこうしちゃいます

CDO (Chief Domestic Officer)

偉そうな態度は役職っぽさで表す

　近年共働きが増えるにつれて、家庭で偉そうにふんぞり返るタイプの人が絶滅危惧種になりつつあるのか、「亭主関白」はすっかり古めかしい言葉になりました。しかし、いつポンと会話の中で出てくるかわかりません。そのときに「うっ……」と言葉に詰まらないよう、この際、英語を作っておきましょう！備えあれば憂いなしです。

　もちろん chauvinist（優越主義者）という英単語は既にありますが、これは少々キツ過ぎます。というのも、日本語の「亭主関白」は、揶揄であったり冗談や愚痴であったりと、カジュアルな文脈で使われることが多いからです。本気で相手を非難するなら、もっと厳しい表現を使うはずですよね。要は、家の中で権力を握り、威張っている男性のことだと伝わればよいのですが、**a bossy husband who tries to control the family**（家族を支配しようと威張り散らす夫）と訳すだけではただの説明で終わってしまいます。それに、せっかくの四字熟語のリズム感も消えてしまって、味気ないじゃないですか。

　そこで、**CDO (Chief Domestic Officer)** という役職を作っちゃいました！「重役か？」と突っ込みたくなるような偉そうな態度を揶揄するニュアンスもあります。これは性別を問わない **gender neutral** な表現なので「かかあ天下」にも使えますよ〜！　**"The D stands for domestic because he/she is the boss of the house!"** と補足すれば、きっと笑ってもらえるでしょう。

　本職の **Chief Data Officer**、**Chief Development Officer**、**Chief Diversity Officer** の皆様ごめんなさい！　パンチの効いた新たな「役職」として仲間入りさせていただけたら嬉しいです。

実際に使っちゃおう！（例えば親子で…）

I can't go out with my friends this weekend because your father has no plans to go anywhere. He'll definitely complain, "How about my lunch?"

Seriously? Typical old man from the Showa era. You should train him to order Uber Eats.

Right, he sure is the **CDO**. And yet, he's the one who attentively feeds the cat, even cleaning up the bowl afterwards.

That's so funny. Our cat should be the Chairman, the top of our household hierarchy!

語注：**complain**: 不満を言う、文句を言う / **attentively**: 注意深く、こまやかに / **feed**: 〜にえさを与える / **household**: 家族、家庭 / **hierarchy**: 階層制度

母：この週末、お父さんがどこにも行かないって言うから、私、お友達と出かけられないのよ。「オレの昼メシは？」って必ず文句を言い始めるから。

息子：マジで？　典型的な昭和のおっさんだ。Uber Eats の頼み方を教えた方がいいよ。

母：そうよね。ホント、亭主関白よね。そのくせ猫のごはんはあげてるのよね、お皿の片付けまで、こまやかに。

息子：笑える〜。じゃ、家庭の序列でいくと、うちの猫は一番上の会長だね！

3つ目の吹き出しの **And yet** には「しかも、それでいて一方では」という逆接の意味があります。

BJ's comment

　　　　元の日本語には **bossy** なニュアンスがあるらしいですが、この **CDO** という表現は普通に英語に導入してもよい気がします！　シンプルでわかりやすい。

　2021 年に、ビジネス特化型 **SNS** の **LinkedIn** が、家事も仕事のうちだよ！と言わんばかりに **stay-at-home parent** などの業種のオプションを導入して、専業主婦・主夫の選択肢を浸透させようとしていました。その次のステップとして、**CDO** を加えてもらうのもいいかも！

kawaii は日本のカルチャーです！

　美術館でのアーティストトーク、建築家による建物の解説、ラグジュアリーブランドのイベントから CM の制作現場まで、クリエイティブな表現が頻出する分野の通訳をする際は、形容詞と形容動詞の語彙力がかなり問われます。要は、「それってどんな感じ？」を伝える瞬間、めちゃくちゃ気をつかうのです。というのも、アートや音楽、写真や映像、ブランドの世界観、グルメ、消費者の感じ方など、とにかく人間の感性にかかわる言葉ほど、発信者と受信者の間に「ブレ」や「揺らぎ」が生じやすいものはないからです。

　通訳が終わった後で、お客様から「ケバいとハデってどのように訳し分けましたか？」などの確認が入ることもしばしば。それに対して、「えーっと、あのときは何となくこう訳しました」なんて答えようものなら、通訳者の私見が入ってしまった証拠。だから事前準備の段階で「garish ＝ケバい」「flashy ＝ハデ」と 1 対 1 で記号のように定義しておき、訳に一切のブレが出ないようにしておきます。ただ、本番に入ると、その「ハデ」もポジティブな意味で言っているのか、ネガティブな意味で言っているのか、その時の話し手の真意を察して、瞬時の判断で訳を調整していく必要があります。

　このようにして、話し手と聞き手が同じイメージを共有できるように、感性豊かな右脳寄りの話ほど、左脳で論理的に処理していきます。つまり、「言葉は記号である」という意識を強くするのです。右ページの図は、私が形容詞・形容動詞をどんなふうに 1 対 1 で紐づけているかを記したものです。形容詞は無限にあり、通訳者が 10 人いたら同じ単語でも 10 通りの訳が出てくるものですが、一つの案件の中では統一しておかないと混乱します。左側の比較的ネガティブな表現から、右側のポジティブな言葉まで、頭の中には常にさまざまな単語をストックしています。ややもすると同じように訳してしまいそうな「ケバい」と「派手な」や「キラキラした」と「まばゆい」も細かく区別しています。

　でも、実際にはその通りにいかないこともあります。例えば、日本人が多用する「かわいい」も、実に多種多様なニュアンスがありますので、結局、訳はケースバイケースになります。文脈から話し手の真意を瞬時に読み取り、cute、pretty、adorable、charming、small、petit など、持ちうる語彙力をフル稼働させながら訳し分けていくことになります。

　どうしても真意が読み取れない場合は、あてずっぽうな訳をせずに、「kawaii」とそのまま

訳すこともあります。え？ 「訳してないじゃん」って？（笑）いいんです！ kawaii という日本独自の感性をその時々にどう解釈するかは通訳者が推測したり、出しゃばったりするところではなく、当事者であるお客様の判断に委ねるところですから。

■形容詞・形容動詞はニュアンスの宝庫

ネガティブ　　　　　　　　　　　　　　　　　　　　　　　　ポジティブ

毒味する

📕 意味：誰かに出される食べ物が安全かどうかを実際に食べて確認すること。

私ならこうしちゃいます

the butler's bite/sip

歴史を紐解いて英語を連想する

2021年の夏に公開された映画『パンケーキを毒見する』をきっかけに生まれたお題です。季節は巡って同作品の題材となった菅政権は幕を閉じましたので、パンケーキをネタにしたトレンディな英語を作るよりは、むしろ王道の、正真正銘の毒味が行われていた時代になぞらえて表現しようと思います。

あらためて毒味の歴史を調べてみると、なかなか面白い雑学がたくさん出てきました。特に興味深かったのは、江戸時代には料理が出来てから運ばれるまでの間に何度も毒味が行われ、将軍の口に入る頃には飯が冷め切っていたという話や、古代ローマ時代の皇帝は毒を盛られることが多かったため、「毒味奴隷」という職業があったという話。当時の奴隷はさまざまな職業に就き、社会を支えていたそうです。そんな時代に思いを馳せているうちに、きっと他の国でも大統領や王様の世話役、つまり「執事」が毒味をしていたのだろうなぁ、という私の妄想から **butler's bite/sip** が生まれました。

今ではまずそうな、あるいは腐っていそうな怪しい食べ物を試食するときに、「じゃあ、ちょっと毒味するわ」と冗談混じりに使われる言葉ですので、英語でも **"I shall take the butler's bite/sip..."** とユーモラスに言えば、「ねぇ、どうどう？」「大丈夫？」と盛り上がることでしょう！

Look! I cooked stew for the very first time.
Let's have it for dinner!

Wait... It smells funny. Have you ever
cooked before?

Um, not much, but I followed the recipe.
How wrong could it go?

All right, all right. Let's just try it. I'll take
the butler's bite and see if it's OK.

How insulting! It can't be that bad!

語注：**funny**: 変な、奇妙な / **insulting**: 無礼な、失敬な

女性A：見て！　このシチュー初めて作ったんだよ。今夜食べよう！

女性B：待って、何か変な匂いがする。今まで料理したことある？

女性A：うーん、あんまりない……けど、レシピ通りにやったよ。大丈夫でしょ。

女性B：わかった。とりあえず食べてみよう。大丈夫かどうか、私が毒味するよ。

女性A：何と失礼な！　そこまでひどくないでしょ。

　1行目の very には、**the first time** を強調する役割があります。この他にも、**the very best...** の形でよく用いられます。

BJ's comment

　この安全第一フードテイスティングは、古代ローマ時代の話にもあったし、イギリスの国王ヘンリー8世がたくさん行ったという話もあり、イギリスではかなり広く知られています。江戸時代の日本にも同じ慣習があって、言葉まであるんだなぁ、とびっくりしました。どの国でも、どの時代でも、国のリーダーたちは疑り深いのですね。

土下座

📖 意味：謝罪やお願いをする際の、膝を折り額を地面につける姿勢。

私ならこうしちゃいます

the orz apology

ネット絵文字だってインスピレーションになります

　土下座の歴史は諸説ありますが、邪馬台国時代の礼節であったり、将軍家の大名行列が通るときの習慣であったりとさまざまな意味があったようです。世界の宗教儀式の中にも、礼拝の際に平伏するものがありますね。この平伏は一般的に英語で **prostration** と言い、崇拝や感謝、祈願などを表す姿勢です。さらに中国の伝統にも「叩頭（こうとう）」があり、何と英語でそのまま **kowtow** と表現されています！

　さて、時代は変わり、今では「土下座」といえば大半が「謝罪」のことですよね！でも、日常生活の中で「おう、土下座してもらおうか」なんてセリフはもう無いでしょう。他人に強要すれば罪になりますからね。言ってみれば、土下座は効果的な演出のための「ポーズ」へと進化したわけです（笑）。

　この現代版のニュアンスを表現するのに、英語が **prostration** や **kowtow** ではちょっと古めかし過ぎると考えました。そこで、思い切って「土下座の意味合い＝単なるポーズ」という捉え方に振り切っちゃいました！　さらに、ガックシ膝を折っている人を象形した日本発祥のネット絵文字「orz」を流用し、かなり軽いノリに仕上げています。

　もし単なるパフォーマンスではなく、心から真剣に謝っている人を描写する場合は、真面目に **kneeling with head down on the floor to express one's deepest apologies** などと訳してくださいね。

実際に使っちゃおう！（例えば親子で…）

What's this? You racked up over ¥30,000 on your mobile bill last month!? Ah, I'm about to faint!

Oh, that. Um...yeah. I got a bit carried away on this online game.
Forgive me! [*Drops into orz position*]

Seriously? You think throwing yourself to the floor like that makes up for 30k? Cut the theatrics!

You always see right through me, Mom. Clearly, I won't get away with just an **orz apology**. I know—I'll work more shifts at the gas station this month.

語注：**rack up**: （損失・負債などを）多く計上する、蓄積する / **be about to do**: 今にも～しそうである / **faint**: 失神する、卒倒する / **get carried away**: 調子に乗りすぎる、悪乗りする / **theatrics**: 芝居じみた言動 / **get away with**: ～で罰を逃れる

母：何これ！　先月の携帯代、3万円以上使ったのあなた!?　もう、失神しそうなんだけど。

息子：あ、それね。えっと……。はい。オンラインゲームにちょっと夢中になりすぎました。お許しを！（土下座）

母：正気なの?　そんなふうにひれ伏したって3万円の埋め合わせになんかならないわよ。芝居めいたパフォーマンスはやめて！

息子：母さんには全部お見通しか。土下座なんかで許してもらえるわけないよね。今月はガソリンスタンドでシフト増やしてもらうわ。

☑
30k の「k」は 1000 を表す kilo からきています。Instagram のフォロワー数などを表す際にも使われます。

BJ's comment

　私のやっている「裏技英語」ポッドキャストでは、和風・和製英語がどこまで通じるのか、というコーナーがあります。金銭の「ギャラ」は通じない、「プラスアルファー」は英語ネイティブの人が意味を把握できなくはない、というふうにジャッジするコーナーです。

　逆に日本語に由来のある英語を発見するのも大好きです。tycoon（大君）や、honcho（班長）も普通に英語でも使うし、イギリスでみかんのことを「satsuma（さつま）」と言います（鹿児島から届いていたので！）。こんな感じで kowtow は中国語由来だったのか！　そして今回橋本さんが使っている orz も日本発祥なんですね。まさに作っちゃえにふさわしい表現ですね！

別腹

📖 意味：これ以上食べられないといった状態でも、好物であれば食べられる状態を指す。

私ならこうしちゃいます

reset my appetite

動詞を使えば能動的な表現に！

　好物ならもっと飲食できることを意味する「別腹」。典型的な言い回しは「デザートは別腹です！」でしょうか。英語圏にも **There's always room for dessert.** というフレーズがあります。デザート以外にも、焼き肉とかフライドチキンとか好きなものに置き換えて使える文ですよね。

　さて、読者の皆さんの中には、名詞形のフレーズを考案する人が多いかもしれません。確かに「別腹」を直訳すれば **separate stomach** となりますので、ここから発想を広げて面白い言葉の置き換えがたくさんできそうです。

　例えば **separate** から転じて **additional**、**another**、**double** など。また、**stomach** の方も **tummy**、**belly**、**gut** とか。さらに **free space** とか **extra capacity** も通じるでしょう。この発想で、私はいったん **spare tank** という回答を思いつきました。**I'm full, but I actually have a spare tank!**（お腹いっぱいだけど、実はスペアがあるんだ！）と言えば「まだまだいけます」という感じが出るでしょう。

　しかし英語は何と言っても動詞がポイントになる言語なので、単に **I have a spare tank.** と言うだけでは能動的な感じが出ません。そこで、名詞を名詞で置き換えるのではなく、動詞を活かした **reset my appetite** という表現も考案してみました！　「別腹」から随分と離れてしまったんじゃない？と思われるかもしれませんが、実際に使ってみるとスムーズに伝わりますので、試してみてくださいね。

Mm, this *pizza margherita* is amazing! Could you pass me the pepperoni and cheese one, too?

Wait, how many slices have you had? I thought you said you just had dinner.

I did, but I could never eat too much pizza.

Yeah, I can see that. It's almost like you have a spare tank for it.

Yup. I can **reset my appetite** the moment I smell it. Pass me the honey for the *quattro formaggi*!

語注：**slice**: 一切れ、一枚 / **the moment (that)**: 〜するとすぐに

息子：うまっ！ このピッツァ・マルゲリータ、最高だよね！ ペパロニチーズも取ってくれる？

母：ちょっと待って、何切れ食べたのよ？ 夕飯を済ませたばかりって言ってなかった？

息子：そうだよ。でもオレ、ピザを食べ過ぎるってことだけはないからね。

母：見ればわかるよ。まるでお腹に予備のタンクがあるみたい。

息子：そう、香りをかいだ瞬間に食欲がリセットされるんだ。クワトロフォルマッジの蜂蜜、取って！

男の子のセリフ **I could never eat too much pizza.** は、ピザを食べすぎるなんてことはありえない、と想像の話をしているので仮定法が使われています。

BJ's comment

別腹を動詞化させた **reset my appetite** も、名詞の **spare tank** も、想像しやすいです！ **tummy**、**belly**、**gut** が出てきましたので、もう一つ関連する言葉を紹介させてください。**spare tyre**（米 tire）です。本来の意味は、車のトランクに積んである予備タイヤ。ですが、比喩的なスラングとして、特にビールを飲み過ぎの中年男性のお腹が膨らんできて、ズボンの上に微妙に垂れてくる柔らかい部分を指します。**reset my appetite** 精神で **spare tank** を使いすぎて、**spare tyre** を作らないようにご注意ください。

ほめ殺し

📖 意味：褒めちぎることで相手を不利な状況に陥れたり、意欲を失わせたりすること。

私ならこうしちゃいます

the ego-stroking trap

結論から逆算して単刀直入に本質を伝える

　「ほめ殺し」というのはなかなか恐ろしい戦法ですね。英訳の発想としては、褒められる→有頂天になる→大失敗する、というロジックで考えていけばよいのですが、**become big-headed from being overly praised and ultimately fail**（過度に褒められてうぬぼれ、大失敗する）などと下手に回りくどい説明をすると、言葉の勢いが「失速」してしまいます。

　長くなりそうな英訳のアプローチとしては、受け手にどのように理解してほしいのかという結論から逆算して「とにかくこういうことです！」と、端的に伝えた方がスムーズです。例えば、宴会などの「中締め」を **interim closing of the party** と訳しても仕方がないのと同じで、「いったんパーティーは終わりで、要はそろそろお帰りくださいということです！」と単刀直入に伝えた方が（特にせっかちなビジネスパーソンには）ありがたがられます。

　さて、脱線しましたが「ほめ殺し」はどのように表現しましょうか？　上述の解説を読んで、長ったらしい説明はダメなのか！　では短ければいいんだな。**flatter someone to death** はどうだ？と考えた方は少なくないかもしれませんが、残念！　これは誤訳です。**tickle someone to death**（抱腹絶倒させる、大喜びさせる）という既存の表現がありますので、外国人には「ほう、めっちゃ褒めまくったんか」と誤解されてしまいます。私なら、**stroke someone's ego**（〜をおだてる）という表現を使って、**the ego-stroking trap**（trap＝わな、策略）と意訳し、「この褒め言葉は要注意。真に受けて油断しちゃいけないやつです」という含みまで伝えちゃいます！　結局、そこがポイントですから（笑）。

実際に使っちゃおう！（例えば休憩中に…）

Why do you seem to have the luxury of sitting around in cafés so often? You are one of the best sales reps I have. You should go out and meet more clients!

Hi, boss. I'm fine. Customer relations is great, and I don't need to keep pushing to get more sales.

Who told you that? That is not our style at all.

My colleagues. They say that I've done exceptionally well, so I can relax a bit. They actually call me a genius, although I know they're just flattering me to death.

Sure they are. That's precisely **the ego-stroking trap**! How could you be so naive? You don't seem to understand the competitive dynamics within the team.

語注：**have the luxury of doing**: 〜する余裕がある、〜するという贅沢が許されている / **sales rep**: 営業員、セールスパーソン / **client**: 顧客、取引先 / **push to do**: 〜しようと努力する、頑張る / **flatter**: 〜を大げさに褒める、〜にお世辞を言う / **naive**: 世間知らずの、単純で無知な / **competitive**: 競争の、競争的な / **dynamics**: 力関係

上司：どうして君はカフェでのんびりしている余裕があるんだい？　君は優秀なんだから、もっと外回りして顧客に会わないと！

部下：お疲れ様です。大丈夫ですよ。顧客との関係は良好ですから、売上を伸ばそうと頑張る必要はないんです。

上司：誰がそんなことを言ったんだ？　そんなのうちのやり方じゃないだろ。

部下：同僚ですよ。私の仕事ぶりが素晴らしいからちょっと休憩してもいいって言ってくれるんです。私のこと天才って呼んでますね。褒めすぎだとは思いますけど。

上司：だから、まさにそれがほめ殺しのワナなんだぞ！　どんだけ鈍感なんだ？　君はチーム内の競争関係をわかっていないな。

1つ目の吹き出しに登場する **sales rep** は **sales representative** の略で、営業員やセールスパーソンという意味です。

BJ's comment

「ほめ殺し」という言葉は初めて知りました。でも、コメディー・芸能業界へ少しだけ足を踏み入れている私は、「ほめ殺し」現象を目撃したことがあります！　怖い戦術ですね。橋本さんの **the ego-stroking trap** には、この怖さがよく表れていると思います。私のようにほめ殺しという日本語を知らない外国人にはこのくらいわかりやすく伝えてくれる方が親切です。

　ちょっと待って、ほめ殺しされている人は自分がほめ殺しされていることに気付きにくいのでは？　だとしたら……もしかしてこの本の編集者が私の発想や日本語能力を大褒めしてたときも……まさか。

ポンコツ

📖 意味：老朽化などで役に立たないこと。

私ならこうしちゃいます

dumpster quality

ポンコツ、それはゴミ級の品質

ポンコツの由来は諸説ありますが、元々は廃車の解体作業からくる「ポン、コツ」というハンマー音からできた言葉らしいですね。ならば、オノマトペで攻めてみようかと考えたりもしましたが、例えば **rap-tap** などと音を直訳するだけでは、ポンコツが持つ面白おかしい「ダメさ加減」のニュアンスが全く伝わりません。まずは意味の本質である **useless**（役立たず、使えない）という状態を表現する必要があるのです。

そこで **quality** という単語が頭にパッと浮かびました。そうです、**good quality**、**bad quality** の **quality** です。皆さん、ご存じでしょうか？　この単語は結構使い勝手がいいんです。**quality** の訳は何も「品質」だけではありません。例えば **guarantee quality experience**（上質な旅行の体験をお約束する）や **provide quality food**（上質な食品を提供する）など、形容詞としての使い方もあります。それから **pro quality curry**（プロ仕様のカレー）、**hotel quality pillow**（ホテル仕様の枕）など、品質のレベルや特徴を示す形でも使われます。

ここから連想して「ポンコツな **quality**」という英語を作ってみたいと思います！　まずは必殺、日日通訳です。ポンコツといえば、使えないもの。使えないものを持っていく場所は、廃棄場。廃棄場を英語にすると、**dumpster** です！　確認のために **dumpster quality** を逆に和訳すると廃棄場に置いてあるような品質、つまり「ゴミ級の品質」です！　会話の中で、**"What's it like?"**（どんな感じ?）**"It's dumpster quality!"**（ゴミ収集してもらうしかない品質だよ!）というふうに使えば、ニヤリと笑ってもらえるでしょう。

実際に使っちゃおう！（例えば友達と…）

You moved? So how's your new home?

It's been great! We replaced our furniture and electric appliances, so everything is new.

Wow. Sounds like your QOL is literally up.

Yup. Especially with my new coffee maker. I can get quality coffee right in my kitchen.

I envy you! My house is a dump. The floors are squeaky, the walls are wearing out, and even the air conditioner is **dumpster quality**.

Well, maybe it's time to move into a nicer place!

語注：move: 引っ越す / furniture: 家具 / electric appliance: 家電 / envy: 〜をうらやましく思う /
squeaky: キーキーいう、ミシミシいう / wear out: すり減る、古びる

男性A：引っ越したんだって？　新居はどんな感じ？

男性B：すっごく快適だよ！　家具と家電を新調したから、何もかもが新しいんだ。

男性A：おお、QOL めちゃくちゃ上がってそうだね。

男性B：うん。特に新しいコーヒーメーカーが最高。自分ちの台所で上質なコーヒーが作れるんだ。

男性A：うらやましい！　うちなんておんぼろだよ。床はキーキー鳴るし、壁ははがれてるし、エアコンすらポンコツ品質なんだよ。

男性B：うーん、たぶんもっといい家に引っ越すべきだね。

　3つ目の吹き出しの **QOL** は **quality of life** の略。「生活の質」を意味します。

BJ's comment

　dumpster quality は本当に価値がなく、古い物だという様子が伝わってきます！　そういえば、最近おしゃれなカフェやクラフトビールの店で、わざと古くてポンコツなスタイルを目指しているところを見たことがありませんか？　内装が地味、というかボロく、北欧のミニマリズムに、ロンドンの地下鉄の寂れた、下町っぽい雰囲気を組み合わせた感じです。**dumpster quality** が一周回ってはやる時代なのかもしれません。

面食い

📖 意味：顔立ちの美しい人を好むこと、また、その人。

私ならこうしちゃいます

cover lover

「食い」つくという部分にとらわれすぎない

　パンデミックの影響下で **stay home** が多かった時期はこういうカジュアルな話題に花を咲かせる機会が減りましたが、その前までは「私、面食いなのよね……」なんて話にケラケラと笑ったものです。

　面食いというコンセプトは世界中に通じますし、**Is it better to go for looks or personality?**（見た目か中身、どちらを重視する?）といった議論もユニバーサルです。ただ、日本語の場合は「食い」という表現が独特ですね。好きなものに反応して食いつくという語源です。ここをどう英語に反映しようかと検討しましたが、やっぱり **attracted to**（〜に惹かれる、魅力を感じる）という既存のフレーズが一番。「食いつく」というニュアンスにこだわっても付加価値は出ないと判断しました。**eat**（食べる）、**jump at**（飛びつく）などと下手に訳してしまうと大いなる誤解につながりそうですし。

　そこで、発想を変えて有名なことわざを考えてみます。そう、**Don't judge a book by its cover.** という定番フレーズです。直訳すれば「本の中身を表紙で判断してはいけない」ですが、要は外見で人を判断してはいけないということですね。しかし、外見で判断してはいけないと言われてもねぇ……（苦笑）。やっぱり外見は大切な要素だと思うんですよ!と反論したくなる人は、やっぱり「オレ面食いなのよ……」（遠い目）とつぶやくのでしょう。美しい人はやっぱり魅力的! そんなふうに感じる人を **cover lover** としちゃいました。

　ちなみに、面に「食いつく」という積極的な姿勢については **lover**（〜が大好きな人）というワードチョイスをすることで、強く惹きつけられる様子を表現しています。

I'm a **cover lover**, you know...

Seriously? Look at yourself. It's not like you look like George Clooney.

Shut up. I know I look like the beast type, and that's exactly why I prefer a beauty.

Yeah, but you shouldn't judge a book by its cover. You don't know if your personalities will be compatible.

Yeah, but with this chunky body and looks, I'm always judged wrongly. And all the more, it drives me to think that aesthetics matter.

語注：**prefer**: 〜をより好む / **personality**: 性格、人格 / **compatible**: 共存できる、うまがあう / **chunky**: がっしりした体形の / **wrongly**: 間違って、不当に / **all the more**: いっそう、なおさら / **aesthetic**: 美しさ / **matter**: 〜が重要である

男性A：オレ面食いなんだよね……。

男性B：マジ？　その顔でよく言うわ。ジョージ・クルーニーに似てるわけでもあるまいし。

男性A：うるさい！　自分が野獣タイプだから美女がいいんだよ。

男性B：でも、見た目で物事を判断してはいけないって言うだろ。相性がいいかどうかわかんないじゃん。

男性A：そうなんだけど、このガッシリ体形とルックスでいつも誤解されちゃう僕としては、外見も大切なんだよね。

最後の吹き出しで使われている **chunky** には「がっしりした体形の」という意味のほか、食べ物などについて塊がごろごろしているといった意味もあります。例えば、**chunky soup** というと、具がごろごろ入ったスープのことです。

BJ's comment

cover lover という表現、めちゃくちゃ好きです！　既存のことわざに着想を得た言葉選びのセンスが素敵だし、リズムも良いです。そして私が一番嫌いな最近の現象にも間接的に触れています。それは、「本」を飾り物として利用することです（笑）。コーヒーショップやおしゃれなシェアオフィスにありますよね。友達にこの「趣味」を追求している人もいます。オシャレな表紙や賢そうな本のタイトルで空間を演出するあれです。でも、表紙だけでジャッジしてもらいたがる人がちょっと苦手かも……。

gender neutrality について考える

　LGBTQ＋という表現が定着し、一般的に gender neutrality（ジェンダー・ニュートラリティ：男女の性差のいずれにも偏らないという考え方）への理解と配慮がようやく高まってきました。例えば waitress → waiter、stewardess → cabin attendant、policeman → police officer、Ladies and Gentlemen → Everyone など、普段から考えておかなければパッと出ないものばかりです。通訳の現場でも言葉選びに余念がありません。やはり事前の準備が必要であり、どんな単語が出てくるのか、何と訳そうか、計画を練ってから本番に臨むようにしています。例えば、日本語で「スポーツマンシップにのっとり正々堂々と……」という発言があったとしたら、皆さんはどうしますか？　まず、日本語に引きずられて sportsmanship と英訳してはいけません。ここは「スポーツマン」以外の選手にも配慮をし、sportspersonship と言わなければならないところです。しかし「スポーツパーソンシップ」なんて、言い慣れない言葉ですよねー！　噛みそうな言葉は、スムーズに言えるまで 20 回くらい声に出して練習すると自分のものになりますよ。

　ただ、準備をしていない話が意表をついて出てくるのが通訳の現場の恐ろしさ。人間の話は自由に広がり、脱線し、思いもせぬ方向に膨らみます。それは会話が弾んでいる証拠であり良いことなのですが、通訳者にとってはまさに実力が試される瞬間です。私自身、200％ の準備をして、120％ の集中力で臨んでも、100 点満点の通訳はなかなかできないと感じています。

　さぁ、いったん通訳が始まってしまうと、ノンストップのローラーコースターに乗ったも同然です。言葉選びに迷っている時間なんてありません。そんな中で「ええい、もうええわ！」と決め打ちするしかない場面もあります。例えば、「人類」という日本語が出てきたら、英訳はどうすればいいでしょうか？　従来であれば、人類＝ mankind でした。ですが、gender neutrality に配慮するとすれば？？　mankind の man を human に置き換えて、humankind にします。ここで決め打ちすればいいのに、あろうことか、私はここでハタと立ち止まり、考えすぎてしまいました。「え！　もしかして human の man もダメ？　human じゃなく huperson って言わなきゃいけないの？　いやいや、ヒューパーソンって一体何だ？（笑）hupersonkind って単語なんて無いか！」と、自分の首を絞めるような思考回路をぐるっと経て、最終的には humankind と言い切りました。これですでに 3 秒の空白はあったと思います。このような戸惑いは、普段からちゃんと考えておけば防げたはずです。皆さんも時にはふと立ち止まって、What is politically correct?（特定の人に不快感や不利益を与えていないか？）と考える時間をとってみてはいかがでしょうか。その熟考が自信につながります。

Part 2

現代語・流行語編

ポップで軽妙な現代語や、時代を象徴する流行語。英語でそのニュアンスまで表そうとすると、少しひねりを加える必要があります。「ドヤ顔」や「ブラック企業」など、遊び心が存分に発揮された表現をお楽しみください。

あるある！（相づち）

📖 意味：ありがちな事が起きた際に使う相づち。

私ならこうしちゃいます

That's sooooo classic!

typicalという単語に感情を乗せると？

「あるある」という表現には大きく2つの使い方があります。1つは、「そうそう！」(yes, yes!) という相づち、2つ目は「お決まりのパターンだね」(that's typical) というコメントです。前者と後者では「あるある」の日本語アクセントも異なりますね。普通に訳すなら、**Yes, that is typical.**（うん、典型的だね）で十分伝わるでしょう。

しかし、日本人と外国人を交えた会話のシチュエーションを実際に想像してみてください。日本人がノリノリで「あるあるだよね～！」と盛り上がっているのに対し、英語の方は **"Yes, that is typical."** という硬い表現。これでは同じテンションで楽しめません。**typical** は理性的な響きのある単語ですが、これを **classic** と言い換えるとどうでしょう！「典型的だね」から、「お決まりだよね！」というニュアンスに様変わりします。

つまり、**typical** ＋感動＝ **classic** というイメージです。辞書を引くと、**classic** は「典型的な、古典的な」とありますが、会話の中で使うと「いや、それマジであるよね」という力強い賛同、さらには「傑作だね！」という称賛が加わることもあります。なので、誰かが話したネタに対して **"That's so classic!"** と相づちを打てば、ネタを語った本人は自分の話がウケたと感じ、ちょっぴりドヤ顔になっちゃうかもしれませんね！（※「ドヤ顔」は p.110 参照。）

会話の盛り上がり度合いに応じて **so** を **sooooo** と伸ばせば「あるあるぅ～！」と、語尾が伸びた感じだって表現できちゃいます。こんなふうにして、ノリの良いリアクションの完成です！

Good morning. Thanks for taking the time for this online meeting today. What time is it now in Tokyo?

Good morning, Dave. It's 10pm here but don't worry. It's really good to see you.

Yes. All right, let me pull up my screen... Ooh! Is that your son in those Pikachu pajamas? So cute!

Oops! He came out of bed because he's curious... Taro, get back to bed. Oh, and I can hear your dogs barking! Are they okay?

Yes, let me go close the door. **This is sooooo classic**, isn't it?

語注：**pull up**: 〜を引っ張り上げる / **curious**: 好奇心の旺盛な / **bark**: ほえる

デイブ：おはようございます。本日はミーティングの時間を設けていただきありがとうございます。東京は今何時ですか？

女性：デイブさん、おはようございます。こちらは午後10時です。でも、お気になさらないでくださいね。お会いできて光栄です。

デイブ：ええ。では画面共有しますね……あれ？　ピカチュウのパジャマを着てるのって息子さんですか？　かわいい！

女性：うわっ！　気になってベッドから出てきちゃったみたいです……太郎、ベッドに戻りなさい。あれ、そちらは犬がほえてますね。大丈夫ですか？

デイブ：はい。ドアを閉めてきますね。在宅あるある！　ですよね？

hear O doing で「O が〜しているのが聞こえる」という意味になります。会話文中では、I can hear your dogs barking! という形で使われています。

BJ's comment

　橋本さんが解説されている通り、sooooo は、賛同するときの「さすが」に近いかもしれません。この間、財布を落としてしまったのですが、30分以内に無事に交番に届けられていました。That is sooooo Japan! と思いました。けれど、届けてもらった財布を交番から取り戻す手続きに3時間もかかり、それも sooooo Japan と思いましたね。こんな感じで、sooooo classic は良いあるあるネタにも、悪いあるあるネタにも使えそうです！

大人買い

📖 意味：大人の豊富な経済力で、商品を好きなだけ買うこと。

私ならこうしちゃいます

buy like a kid's dream come true

子どもだったら夢で終わってしまうけれど……

　普通に訳すなら、**bulk-buy**（まとめ買いする）とか、**buy the entire** ○○というフレーズがあります。この○○には、**set**（セット）とか **case**（箱）とか、漫画や **DVD** であれば **series**（シリーズ）などの単語が入りますよね。ただ、これでは「まとめ買いをした」というニュアンスしかなく、「大人買い」という言葉が持つ「大好きなものを全部買っちゃえ〜♪」という嬉しそうなニュアンスが出ていません。

　そういえば、今は少し落ち着いている「爆買い」という流行語もありましたね。当時は英字新聞で **massive shopping**、**explosive shopping spree** などと訳されていました。ならば「大人買い」も **massive shopping** とか **shopping spree** でいいんじゃないの?と、思われるかもしれませんが、易きに流れてはいけません（笑）。ニュアンスが違いますよね? 「爆買い」は、あっちの店こっちの店と飛び回り、数量もしかり、品物の種類もしかり、勢いよくバンバン買い込むことです。

　しかし「大人買い」にはもっと夢があります。大好きなあのお菓子、コミック、文房具、洋服、コスメ、好きなキャラクターのグッズ……。そういったアイテムを思い切って全種類買ったり、カラーバリエーションをそろえたり、同じ商品を大量に箱買いしたりするイメージです。元々は「お金に余裕のある大人がオマケ入りの子ども向け商品を大量購入すること」だったそうです。

　そこで、**buy like a kid's dream come true** というフレーズを作っちゃいました! 　子どもだったら夢で終わってしまうような贅沢リッチな買い方を大人だからこそできちゃった!というニュアンスを情感たっぷりに反映しています。

実際に使っちゃおう！（例えば夫婦で…）

What are all these boxes? Who's been tapping away on Amazon?

Oh, that's me. They're my favorite "Shoten 50th Anniversary Timeless Edition Box" plus towel, fan, and real Zabuton cushions!

I can't believe this explosive shopping spree. How much did you spend?

This is not some random spree. It's called **buying like a kid's dream come true**.

Whatever. It's good to know that your bonus season is coming up. May I also take the opportunity to buy everything I've dreamt of buying at Hermes?

That's not a dream come true! That's just bankruptcy.

語注：**tap away on**:（スマホなどの画面を）どんどんタップする、クリックする / **bankruptcy**: 破産、倒産

妻：何、この段ボールの山！　アマゾンでポチポチやってたの誰？

夫：あぁ、それ俺。大好きな「笑点」放送50周年記念完全保存版DVDと、手拭い、扇子、それにホンモノの座布団もだよ！

妻：信じられない爆買いだわ。いくら使ったの？

夫：これは単なる爆買いじゃない。大人買いと言います。

妻：どうでもいいわ。でも、ボーナスの時期でよかったわ。この際、私もエルメスで欲しいな～って夢見てたもの、全部買っていい？

夫：いや、それは夢の実現じゃなくて単なる破産でしょ。

☑
会話の中の **Whatever.** は、「なんでもいい、どうでもいい」という意味です。ここでのように、文脈によってはあきれた感じを出すことができます。奥さんはかなり突き放した言い方をしていますね（笑）。

BJ's comment

　何回も国を変えて引っ越してきた私は、できるだけ持ち物を減らして物を買わないようにしています。なので、「大人買い」の気持ちはわかりますが、実行には移さないよう心掛けています。

　でも、唯一例外なのは、ワールドカップのイングランド代表のユニフォームです。着るチャンスは4年に1回だけですが、子どもの頃の自分に買ってあげている感覚でつい購入してしまいます。小中学生のときは何カ月もお小遣いをためて何とか買えたものでしたので、今やまさに大人買い。**buy like kid's dream come true** は本当に的を射た表現だと思います！

逆ギレ

📖 意味：本来なら怒られるべき立場の人が、逆に怒りだしてしまうこと。

私ならこうしちゃいます

a Triple A attack

「作っちゃえ劇場」で実際の会話を想定する！

　怒られているのは自分なのに、逆に相手に対してキレちゃうこと。普通に訳すなら、**snap back**（突然反発する）、**misplaced anger**（お門違いの怒り）などが考えられますが、まぁどれもフツー（印象に残りにくい）ですよね。「逆ギレ」という流行語のせっかくのインパクトが表現されていないからです。なので、ここは英語の方も大胆に振り切っちゃいましょう！

　私は、逆ギレするという行動を一つの「戦法」に見立て、その愚かさを揶揄するような表現を作っちゃいました。まず、「ナントカ戦法」を「ナントカ **attack**」と訳します。また、**Triple A** は、格付けで使われる **AAA** の読み方です。

　さてさて、これより「作っちゃえ劇場」の始まりです！（ふざけているようですが、シチュエーションを想像しておくことは本当に大事です）

　まず、追い詰められてカッとなった人が、立派なディフェンスのごとく逆ギレを繰り広げていたとしましょう。そんな様子を横で見ていた人が、「あぁ、逆ギレ戦法か」と揶揄し、**"Oh-oh, he's launched a Triple A attack!"**（出た！　逆ギレ戦法だよ〜）と言います。すると、隣にいる野次馬が **"What do you mean by Triple A?"** と問いかける。それに対し、**"Triple A? It stands for Accusing the Accuser for Accusing!"** と説明し、一緒に笑う。……人がもめているのに、随分とのんきですね。

　ちなみに、この **Accusing the Accuser for Accusing** は、企業の教育研修における **train the trainer** という既存のフレーズから着想を得ました。効果的な企業研修を実施するために、まずは講師（**trainer**）を育成（**training**）しよう、というふうに使われます。

実際に使っちゃおう！（例えば学校で…）

Mr. Johnson, I'm afraid you're suspended from school for taking all the cookies from the cafeteria.

What?! Why should I be punished?!
The lady said the shelf life is coming up.
She said I could take some!

You know she didn't say they're free! And launching **a Triple A attack** on me like that will not help at all.

What the heck is **a Triple A attack**?
I don't understand any of this!

AAA—you're accusing the accuser for accusing you. Drop that defensive attitude and just go home. You need to cool down, young man!

語注：**be suspended from school**: 停学になる / **shelf life**: 消費期限 / **accuse**: 〜を非難する

会話文意訳

先生：ジョンソンさん、残念ですがあなたは食堂からクッキーを全部盗んだ罪で停学処分です。

男子生徒：え!?　なぜ罰せられないといけないんですか？　食堂の人が消費期限が近いって言ってました。持って行っていいって言われたのに！

先生：無料とは言ってないでしょ。それに、私に逆ギレ戦法をとったって何にもなりませんよ。

男子生徒：逆ギレ戦法って何なんですか？　意味がわかりません！

先生：非難した人に非難しやがってと非難することです。自分を擁護していないで家に帰って頭を冷やしなさい！

 会話の中で学生が言っている **What the heck...?** は「いったいどういうこと!?」という驚きや怒りを表す際に使われるフレーズです。

BJ's comment

　　解説されている通り、**Triple A** は **AAA** と書き、一流という意味です。よくゲームなどのエンタメ業界で、日本でいう「モンスターヒット」のような作品を形容するのに使われます。例えば、**"This book will be a AAA success."** のように用いられます。そのほか、**"BJ Fox is a AAA comedian."** などの例文も考えられますね！

ギャップ萌え

📖 意味：相手の意外な一面に心惹かれること。

私ならこうしちゃいます

a MOE GAP crush

日本特有の言葉を覚えてもらうためにひと工夫！

　草木の「萌える」を起源とし、何かに対して心が「燃える」という音感に掛けた「もえ～」は、アニメやゲームの世界なら **moe** のまま通用します。しかし、マニアックな和製英語ですから、知らない外国人も多いでしょう。一般的には **"What?"** と聞き返されてしまう確率が非常に高いので、覚えてもらいやすくするために工夫してみましょう！

　まず結論から言うと、「ギャップ萌え」に対して、私が作っちゃった英語は **MOE GAP** です。読者の皆さんからの「何それ！　全然訳してないじゃん！」というお声が聞こえてきそうですが、ご安心ください。少なくとも来日されるような外国人は大抵、日本語に興味津々ですから大丈夫です。

　例えば、日本人が「いや～、ギャップ萌えだわ」と言ったら、**"Wow, I'm experiencing a MOE GAP crush!"** とでも訳しておきましょう！　当然、外国人は **"What?"** と聞き返してきます。そこですかさず、**MOE GAP stands for "My Obsession Evoked by the Gap between Appearance and Personality."**（見た目と性格とのギャップによって引き起こされた強い愛着心）だよ、と説明するのです。そう、**MOE GAP** を略語の頭文字にしちゃいました！　無理矢理なこじつけではありません（笑）。ちゃんと「ギャップ萌え」という日本語の解説になるように作り込んでいますので、日本語に興味のある外国人ならめちゃめちゃ面白がってもらえるはず。最後の **crush** は **I have a crush on...**（～に熱を上げる、ほれる）という決まり文句からきています。

You look really excited today. Something good happened?

Yeah, we're planning a gathering tonight and, guess what, Tom is coming!

Oh, yeah? What's the big deal?

I have **a MOE GAP crush** on Tom! He's so macho, but yet... Did you know that he cries at Disney movies?

語注：**gathering**: 集まり、集い / **macho**: 男らしい、たくましい

女性Ａ：今日すごく楽しそうだよね。なんかいいことあったの?

女性Ｂ：うん、今晩みんなで集まる予定でね、なんとトムが来るの!

女性Ａ：ふーん、それがどうかしたの?

女性Ｂ：私、トムにギャップ萌えしてるの!　あんなにマッチョなのに、ディズニーの映画を見て泣くって知ってた?

☑
> **big deal** は直訳すると「大きな取引」。それに加えて、「大したもの、大事なこと」といった意味も表します。そのため、**What's the big deal?** と言えば、「何が大したことなの?」「それがどうしたの?」という意味になります。

BJ's comment

　　　私のような外国人にとって、日本はまさにギャップ萌えの宝庫。ロボットなど最先端テクノロジーが生まれている場所なのに、いまだにファックスを使いまくっています。ギャップ。祇園で下駄を履いた舞妓さんが最新のスマホを手にしています。ギャップ。世界遺産に選ばれるほど美しい富士山の山頂には自動販売機。ギャップ。よく日本の観光ポスターにもこのようなイメージが取り上げられていますね。

キレッキレ

ダウンロード
25

📖 意味：動きや頭の回転が速く鋭い様子／辛口の酒の風味／怒っているさま

私ならこうしちゃいます

oni-sharp

複数の意味がある場合は、文脈に応じて訳し分ける

　今回はオノマトペです！　語呂が良いのでリズム感が出て、情景がパッと伝わる便利な表現方法ですよね。オノマトペをはじめ、繰り返しによって強調されている単語はたくさんあります。この場合は、例えばアッツアツ（**so hot**）、サラッサラ（**so smooth**）、くったくた（**so tired**）、予定や予算や洋服がパッツパツ（**so tight**）、あるある（**so classic**）といった具合に、形容詞に **so** や **very** を付ければ簡単に訳せます。

　しかし「キレッキレ」の難しさは意味が複数あることです！　私が知っているだけでも ①頭が切れる、②キレのある動き、③キレの良い辛口酒、④激怒、と少なくとも四つはあり、全てに当てはまる共通語は見当たりません。①と②は **sharp** ですが、③は **dry**、④は **angry** ですよね？　しばらく頭を抱えましたが、やはり正しい対応は文脈に応じてそれぞれ訳し分けることでしょう。

　次に、**oni**（鬼）をそのまま使った理由ですが、**kawaii** が既に英語圏で広まっているように、鬼ムズ、鬼うま、鬼カワイイといった近年の使い方を活かし、**oni** も輸出したいと考えたからです！　鬼を **ogre** と直訳したところでなじみのない外国人が多いので、**oni** とは **a monster in fairy tales**（昔話に出てくる怪物）であり、最近では **an emphasizer meaning "monstrously"**（「モンスター級の」という強調語）でもある、と覚えてもらいましょう！　安易に **so** や **very** を付けるよりも日本独特の凄みが伝わるでしょう。**Yum! I love this oni-dry sake!**（うまっ！　このキレッキレの日本酒大好き！）とか、母ちゃんキレッキレ過ぎて家に帰れない（**My Mom is too oni-angry. I can't go home.**）とか、いろんな場面で使ってみてくださいね！

実際に使っちゃおう！（例えば友達と…）

Hey, how'd your dance audition go?

Ugh, it was a nightmare. I went to pieces right before I got on stage and couldn't perform at all.

How could that be? You were so confident.

Well, the guy who performed just before me had all these **oni-sharp** moves. He totally wowed the judges!

Yikes. That must've been a hard act to follow. Here, let's wind down with this **oni-dry** sake I saved for us. Come on, we'll drain the whole bottle!

語注: **nightmare**: 嫌な出来事、悪夢 / **go to pieces**: 〈人が〉精神的にだめになる、参る /
wow: ～を熱狂させる / **wind down**: （仕事や緊張の後で）リラックスする / **drain**: （酒を）飲み干す

女性Ａ：ねえ、ダンスのオーディションはどうだった？

女性Ｂ：うっ、最悪だったよ。**本番直前にめちゃくちゃ緊張しちゃってさ。**全然踊れなかった。

女性Ａ：なんで？　あんなに自信満々だったのに！

女性Ｂ：それが、私の前の人がキレッキレの踊りを見せつけてくれてさ。審査員の心をわしづかみにしてたんだ。

女性Ａ：うわー。そんな人の後に順番が来るなんて、つらかっただろうね。ほら、このキレッキレの辛口の日本酒をとっておいたから、まったりしよう。一緒に飲み干しちゃおう！

冒頭の **How'd...go?** は、**How did...go?** の省略形で、「〜はどうだった？」とか「〜はうまくいった？」と相手に面接や試験などの結果を聞きたいときに使われる表現です。今回はうまくいかなかったようですが、成功した場合は **It went well.** などと返答します。

BJ's comment

　もしかすると某人気漫画のおかげで「鬼」がもう世界的に広まっているかもしれませんが、その作品では、なぜか ogre ではなくさらに怖い demon が英訳として採用されています。この漫画の敵は昔話の「桃太郎」などに登場する、虎模様のパンツを履いていそうな「鬼」と雰囲気が違うからでしょうか。

　さまざまなニュアンスを持つ日本のオノマトペを英語にするのは難しいと思います。鬼難しいでしょう。**Oni-hard**。橋本さんのご提案通り、そのまま oni- を使っちゃうのが最適かもしれません。広げたいですね！

空気を読む／読まない

📖 意味：その場の状況や雰囲気を察する／察しないこと。

turn up the tact / go tactless

実は万国共通のコミュニケーションスキル

　空気を読むのは日本固有の芸当かと思われるかもしれませんが、決してそんなことはありません。海外でも空気を読むべき場面はあり、鈍感な人がいると微妙な空気が流れたり、眉をひそめられたりするものです。むしろこれは人間に備わっている一種の基本的なコミュニケーションスキルであり、万国共通だと感じます。

　さて、「空気を読む」の訳し方ですが、普段、私は確実に一発で伝わるように feel the vibe と訳しています。しかし、ここでは tact（気配り、思慮）という単語を使い、ひねりを加えちゃいました！　実際、海外でも空気が読めない人は He lacks tact.（彼は気遣いのできない人だ）と陰で言われますので、tact は伝わるでしょう。動詞は turn up を組み合わせました。音量を上げる（turn up the volume）、温度を上げる（turn up the heat）などでおなじみですね。気遣いセンサー（tact）の感度を上げて（turn up）その場に適した行動や発言をしなさい、というニュアンスです。

　一方、「空気を読まない」は go tactless にしちゃいました！　ここでの動詞 go は、become と同義で、go vegan（ヴィーガンになる）、go plastic free（脱プラに切り替える）といった用例に見られます。I'm going tactless here!!（私、ここは空気を読みません！　鈍感力で行きます）といった使い方ができそうです。

実際に使っちゃおう！（例えば同僚と…）

These negotiations are going nowhere. We can't agree to this.

But they made a better offer this time. Just read between the lines.

I don't trust them. If they want this deal, they need to say so clearly.

But it's obvious from their attitude that they want to work with us again. You need to **turn up the tact** here.

No, from now on, I'm **going** completely **tactless**. No more ambiguous smiles and gestures!

語注：**negotiation**: 交渉 / **deal**: 取引、契約 / **obvious**: 明らかな、明白な / **ambiguous**: あいまいな、不確かな

会話文意訳

男性A：この交渉、行き詰まってるよ。こんなの合意できない。

男性B：でも今回、先方はいつもより良い条件を提示してきたじゃん。行間を読みなよ！

男性A：信用できないな。この取引を成立させたいなら、先方からはっきりと言ってもらわないと。

男性B：でも、また一緒に仕事をしたがっているのは態度を見れば明らかじゃない。ここは空気を読まなくちゃ。

男性A：いや、これからは一切空気を読まないことにしたんだ。あいまいな笑顔とかしぐさはナシで！

　１文目に出てくる **go nowhere** はどこへも行きようがない、すなわち、「行き詰まっている、らちが明かない」という意味です。ハイフンでつないで **go-nowhere** の形にすると、「とりとめのない、行き着くところのない」という形容詞になります。

BJ's comment

turn up the tact という表現は、**alliteration**（頭韻：語頭に同じ音を用いる修辞技法）が活かされていて響きが良いです！

　でも、今回だけ本書の趣旨とは正反対の提案をさせてください。それは、「空気を読まない」を略した「**KY**」をそのまま輸出しちゃうことです。「あの子ちょっと **KY**」など、ほんの２文字だけで深い意味が伝えられる便利な略語だと思っています。

　その他、英語に逆輸入したい和製英語は「プラスアルファー」と「**NG**」です。どちらもネイティブスピーカーは使わない日本独自の表現ですが、端的でわかりやすいので英語に取り入れたいなあ、と思っています。

終活

 意味：人生の終わりを迎えるために行う活動のこと。

pack for heaven

「活動→ activity」では解決できない

　「終活」、いかにも日本的な言葉ですね。最近では健康意識の高まりとともに「免活」という言葉も聞かれるようになりました。この「活」を使った造語は本当に便利で、日々バリエーションが増えています。「就活」からはじまり、「婚活」に「終活」。「腸活」からの「免活」。「ヌン活」や「推し活」まで、もはや何でも「活」をつければマイブーム化できちゃうのか、と感心します。

　しかし、英訳するのは一苦労ですよね〜！　「漢字で統一するなんてズルいぞ、英語にそんなものは無い！　どうすりゃいいんだ」と頭を抱えます。活動→ activity と置き換えれば済むという話でもないのです。それは、日本人同士なら雰囲気で通じちゃう「〇活」も、動詞を明確にしなければ英語にならないからです。各 activity を「行う」ための動詞はそれぞれ異なるので、「活動」という名詞で一括りにするのは無理があります。例えば、免活＝ immunity activity は通じないですよね？　免疫活性（immune activity）という既存の用語と混同されてしまいます。ちゃんと免疫力を「高める」活動であるということを伝えるには、動詞を補完して訳す必要があり、**activities to boost immunity** になるはずです。同様に、就活は **job hunting**、婚活は **finding a life partner**、腸活は **promoting gut health** になりますし、ヌン活に至っては **I'm really into afternoon tea these days.**（最近アフタヌーンティーにハマっているんだ）と文章にした方がよほどスッと伝わります。

　天国なんてあるかどうかわからないけれど、**pack for heaven** は、その目的地へ旅立つための荷造り。動詞は **pack**（荷造りをする）です。このような柔らかい表現があれば、少しは寂しさも和らぐでしょうか。

Sweetheart, could you take me to a photo studio someday soon?

Sure, Mom, but why a photo studio all of a sudden?

I just thought it was time I got some pictures taken for my funeral.

Oh, my God, Mom. What are you saying!?

Don't look so shocked, dear. Everybody goes through this, and I may as well be properly prepared. So, you'll come with me?

Yeah, but just promise me you're not really **packing for heaven** just yet.

語注：**all of a sudden**: 突然に、急に / **funeral**: 葬式 / **go through**: ～を経験する / **may as well do**: ～した方がいい、～した方がよさそうだ / **properly**: きちんと、適切に

会話文意訳

母：ねぇあなた、近いうちに写真館に連れていってくれない？

娘：え、いいよ。でも急に写真館って、なんで？

母：お葬式用のね、写真をそろそろ撮っておいた方がいいかなって思ったの。

娘：え、ちょっと何？　なんてことを言い出すの!?

母：そんな驚いた顔をしないで。みんなが通る道なんだから。どうせなら、ちゃんと準備しておかないと。一緒に来てくれるわね？

娘：うん。でも、そんな本気で終活なんて、まだ始めないって約束してね。

---

it is time (that) ... は「〜するべき時間」という意味。お母さんのセリフでは、直前に I just thought と過去形の動詞が含まれているので、時制を一致させるため it was time と be 動詞が過去形になっています。it is high time... や it is about time... という言い回しもあります。

BJ's comment

　解説を読んで「活」という字の便利さをしみじみと感じました。イギリスには「終活」という言葉もなければ、このようなコンセプトもほとんどありません。ちょっとアプローチしづらいもので、言ってみればタブーに近いトピックです。でも必要です！　pack for heaven はおっしゃる通り、柔らかい印象を受けます。ぜひ普及させましょう。誰でもいずれ取り組まざるを得ない課題であるからこそ、素敵な表現でハードルを低くしたいですね。

忖度
そんたく

📖 意味：他人の気持ちを推し量ること。

私ならこうしちゃいます

fetch an unthrown stick

辞書にある単語では、超日本的なニュアンスを表しきれない！

　皆さん、こういう言葉ほど和英辞典を鵜呑みにしてはいけません（笑）。忖度とは、空気を読み、あうんの呼吸で相手の意思を推し量る超日本的な表現ですので、辞書に書いてある英単語を拾って唐突に **surmise**（〜だと推測する）などと言ってみてもニュアンスは伝わらないのです。

　もちろん **guess his/her intention and act accordingly**（彼／彼女の意図や行動を状況に応じて推し量る）といった説明的な英訳でもよいのですが、せっかくですから外国人がパッとイメージできるような表現を作っちゃいましょう！

　私は最初に **act on telepathy**（テレパシーを受けて行動する）を思い付きました。しかし、最近の使われ方として「忖度する／される」当事者に「部下／上司」といった上下関係が多いことに注目し、最終的に **fetch an unthrown stick** に決めました。

　そう、主人と犬の関係性です！ 外国人に「**catch a ball**、**fetch a stick** する動物は？」と尋ねてみれば、ほとんどが **"A dog."** と即答するでしょうから、**fetch** の一言で直感的に伝わるでしょう。「ワンワン！　まだ投げてもいない枝を取って来ちゃいましたよー！　ご主人様、どうですか？　気が利くでしょう？」と認めてほしい部下の健気な気持ちまで伝わると嬉しいです。

Part 2 現代語・流行語編　99

Here, Mom! I got you a dozen of those chocolate puddings you like.

Whoa! Are you kidding me? You know I'm on a diet!

But, Mom, it's *sontaku*. You said you've literally been dreaming of pudding.

Well, yeah. I crave them precisely because I can't have them. I'm trying to cut down on sugar!

Oops, it seems I've **fetched an unthrown stick**.

Yes, and now you'll just have to eat them!

語注：**a dozen of...**: 12 個の、十数個の、多数の…/ **literally**: 本当に、実際に / **crave**: 〜を切望する

息子：お母さんの好きなチョコレートプリン、たくさん買ってきたよ。

母：え！　うそ？　ダイエットしてるのに！

息子：忖度したのに。プリンが夢に出てくるって言ってたじゃん。

母：食べられないから食べたくなるのよ。糖分を控えようとしてるのに！

息子：あーあ、まるで投げられていない棒を取ってきちゃった犬みたいだよ。

母：そうよ！　だからハイ、あなたが食べてね。

☑

4つ目の吹き出しの **cut down on** は、「〜を減らす、削減する」という意味。会話のように糖分やお酒など、自分が摂取するものに使われるほか、**cut down on spending**（支出を減らす）のように、コストや支出の削減にも用いられます。同じような表現に **cut back on** があります。**I need to cut back on salt.**（私は塩分を減らす必要がある）のように使われます。

BJ's comment

　僕はいつも「忖度」を **second-guess**（〜を予測する、勘ぐる）と訳しています。けれど、これだと推し量って相手に配慮するというニュアンスを出し切れていません。一方、橋本さんの訳は **fetch** という動詞を使っているので、具体的な光景が浮かびます！

　昔勤めていた会社では、上司が何を求めているのか「忖度」する毎日で、正直大変でした。今振り返ってみると、その上司は自分が何を求めているのか自分でもわかっていなかっただけだったと感じます……。忖度されなくても理解されるために、はっきりとコミュニケーションをとる上司になれるよう心がけています。

擬音語・擬態語、どう訳す？

　日本語は実に表情豊かな言語で、雨の降り方一つとっても、ぽつぽつ→しとしと→ざぁざぁと、降り方に応じてオノマトペも変化します。もちろん、ワン（woof）、ワンワン（bowwow）ニャー（meow）、時計のチクタク（tick tock）などの定訳は、知っていれば即座に訳せますが、判断が難しいものもたくさんありますよね。

　例えば、ニコニコ笑う、フサフサのしっぽ、てくてく歩く、焼き肉ジュージュー、スパッと切る、ザブザブ洗える、サクサクこなすなどは、ぴったり合う英語が無いので、いきなり訳せと言われると「ウッ！」と言葉に詰まりそうになります。あ、思い出しました！　フサフサのしっぽは bushy tail でした。こんなふうに思い出すことができればいいのですが、例えば p.90 の「キレッキレ」なども、瞬時に訳すのは本当に難しいですよね。

　こういうときは、一足飛びに日本語を英語に置き換えるのではなく、いったん日本語からイメージ（非言語）を頭の中で膨らませて、そのイメージを英語へと変換する（言語化する）アプローチをお勧めします。脳内の情報処理フローを文章で説明すると複雑になりますが、要はタテのものをヨコにするだけでは訳せないということです。

　私は中学・高校時代を関西で過ごしたので関西弁も話せますが、地元の人たちの会話を聞いていると、表情豊かでリズム感のある擬音語や擬態語のオンパレードで、とても楽しかったです。相手が伝えようとしていることを直感的にイメージしやすいのが魅力です。ただし、英訳するとなると話は別です。擬音語や擬態語が出てくるたびに、通訳者の頭の中はかなり忙しくなります。

　「いやぁ、もう参りましたわ。路地でチョコっと動かそうとしたら、パッと目を逸らした瞬間にバーン！ですわ。もう、かなわんわーおもて、一日中チーンとしてましたけど、案の定、夜カミさんにポロっと言うたらもうカンカンで……」って、なんの話やねん！（笑）
　皆さんなら、このセリフをどのように英訳しますか？

　かしこまったビジネスの現場でも、上手にお話しになる方は表情豊かに擬音語・擬態語を駆使されています。日本語ならではの豊かなニュアンスを余すところなく訳すには、文脈を理解し、具体的に状況をイメージすることです。コミュニケーションにはどこまでも理解力と想像力が必要です。

■英語にない擬音語・擬態語も訳しちゃえ！

イラッ！
annoyed

ドカン
explode

キエーッ！
fly off the handle

ゲッ！
taken aback

イライラ
irritated

ブチッ
lost it

クーッ！
bitter

プンプン
mad

カンカン
furious

ドキドキ
nervous

ガーン…
shocked

ハァ！？
Excuse me!?

ソワソワ
restless

ガッカリ
disappointed

ヤキモキ
worried

ムシャクシャ
frustrated

ショボーン
down

モヤッ
perplexed

ムッツリ
glum

チーン…
finished

ムカムカ
sick

ブチ切れ度

中二病

📖 意味：格好つけたい年頃の少年少女にありがちな、奇矯で珍妙な言動や嗜好を指す。

私ならこうしちゃいます

teenish delusion

中二病特有の「こじらせた感」を表すには？

　「中二病」という言葉は知ってはいたけれど、英訳する前提でこの言葉を耳にしたのは、よりによって通訳の本番中でした。日本の現代美術アーティストが観客に向けて制作のプロセスや自身の思想を解説されている最中に「まぁ、中二病みたいなもんですよ、私」と突然発言されたので、ドキッとしながら **...like a teenager** と、無難な訳で文章をつないだことを思い出します。

　意味を調べてみると、「思春期にありがちな自己愛、妄想、背伸びなどを揶揄したスラング」とあります。実際の使い方としては未熟な大人への痛烈な批判や自虐的なジョークに用いられ、ちょっとした会話のスパイスになっているようです。

　さて、この「中二」が意図するところを一言で表現するなら、やはり **adolescent**（思春期の）でしょう。この点については人類共通ですからね（笑）。ただ、このままでは作っちゃったことになりませんし、「中二病」という言葉が持つ「こじらせた」感じが出ていません。学年については、中学 2 年生に限った話ではないので **teen**（13-19 歳）でまとめた上で、p.23 の「恩着せがましい」（**yommish**）でも解説した **-ish** を付けることで **teenish**（**teen** のような）としました。これで何歳の人でも使える表現になりました！

　また、「病」の部分については、深刻な「病気」というよりは、「等身大の自分がよく見えていなくて、妄想気味で、夢を追っている感じ」を生かしたいので、**delusion**（思い込み、妄想）と表現しました。

　夢見がちな妄想も、行動し続けていけば現実になるという私の想いも込めています。ぜひポジティブに熱く夢を語るときにも使ってほしい言葉です。

Hey, Eric, guess what? Me and my friends just formed a rock band. I'm playing bass!

It's "my friends and I." A band? How serious are you?

Oh, totally. We've rented a studio to lay down some tracks. We'll be doing world tours in no time!

Um... Dad, could you maybe dial down your expectations a bit? I hate to break it to you, but it sounds like you're experiencing a complicated case of **teenish delusion**.

Hey, what do you know? You're the teenager!

語注：**totally**: 全く、すっかり、完全に / **lay down**: （音楽を）レコーディングする /
dial down: ～を控えめにする

会話文意訳

父：エリック、聞いてくれよ。俺、友達とロックバンドを結成したんだ。俺はベース担当だぜ！

息子：それを言うなら「友達と俺とで」だよ。で、それって本気なの？

父：マジで本気。もうレコーディングするためにスタジオも借りたし。今にワールドツアーをするぜ！

息子：あの……お父さん、期待値上げすぎじゃない？　言っちゃ悪いけど中二病をこじらせてるよ。

父：おい、お前に何がわかるっていうんだ？　まだ 10 代だろ！

 息子エリックの発言に登場する **dial down** は、直訳すると、「ダイヤルを回して音量などを下げる」ということ。転じて、「〜を控えめにする、〜の調子を抑える」という意味で使われるようになりました。

BJ's comment

 delusion がいい味出してますね。中二病特有のちょっとイタい感じがしっかり伝わります。

実は、この原稿を読むまで「中二病」という言葉を知らなかったんですが、解説文を読み、ドキッとしました。私がやっていることは、もしかして中二病の症状ではないかと心配しています。私はスタンダップコメディークラブを運営しており、ほぼ毎晩ライブをやっています。週 2 回誰でも飛び入り参加でステージに立てる「オープンマイク」を開催していて、毎回一般のお客さんが挑戦するんですが、恐らくみんな中二病をこじらせているかも？自分が部屋の中で一番面白い人間だと思い込み、突然ステージに立って人前で言いたいことを発散します！　これは **artistic dreams** を追求しているのではなく、**teenish delusion** の症状なのかもしれません。

ツンデレ

📖 意味：普段は不愛想な人物が時折甘えてくるさまを表す。

私ならこうしちゃいます

acid-coated candy

二面性を表現するために連想ゲーム開始！

　ドラマやアニメキャラなどでよく出てくるツンデレキャラ。動物なら猫がツンデレのイメージでしょうか。普段はツンツン突き放す態度（**give someone the cold shoulder**）だけど、時にはデレデレと甘えてくる（**be all lovey-dovey**）ってことですよね？　そんな二面性を **prickly on the outside but sweet inside**（外側はツンツン尖っていて中は甘い）と解釈すれば、シンプルに **sea urchin**（ウニ）または **chestnut**（栗）という英訳で済みますねぇ。どうでしょう。

　使い方としては、**He has a "sea urchin" attitude.** とか、**She has the "chestnut" character.** になります。これで良いんじゃない？　ダメ？……いや、手抜き感がハンパないですね（笑）。もう少し考えてみましょうか。

　まず、ツンツンする＝「塩対応」、デレデレする＝「甘い対応」と日日通訳し、そこから連想スタートです！　甘くてしょっぱい食べ物はなーんだ？　塩キャラメル、柿の種チョコ、チリソース、チョコレートがけポテチ……いろいろ挙げてみたのですが、誰もが知っている味だからこそ、食べ物のイメージに引っ張られてしまって真意が伝わりづらいです。これはむしろ、明らかに造語だと外国人に伝わった方がツンデレの理解につながりやすいでしょう。

　そこで、**acid-coated candy** とし、いかにもキツそうな食べ物を作っちゃいました！　「すっぱいパウダー」をまぶした飴なら甘酸っぱくておいしいですが、そんなかわいいもんじゃなく、「酸」でコーティングされた飴です（**sweet candy coated with acid**）。ツーンとくる酸の刺激と飴の甘さのイメージが万国共通であることを期待して、実際に使ってみましょう！

My boyfriend's always suddenly turning cold on me. I just don't get it.

Maybe he's the *tsun-dere* type— *tsun-tsun* most of the time but then sometimes switching to *dere-dere*.

Come again? "Tsum dairy"?

No, silly. *Tsun-dere*. It means he's **acid-coated candy,** usually presenting a sour exterior but actually sweet on the inside.

Well, yeah, that's true. But I could do without the acid part!

語注：**switch to**: 〜に切り替わる / **present**: （様子などを）示す、見せる / **exterior**: 外面、外側

会話文意訳

女性A：彼っていつも急に態度が冷たくなっちゃうの、ほんと意味わかんない。

女性B：多分ツンデレなんでしょ。ほとんどのときは「ツンツン」してるけど、ときどき「デレデレ」な態度に変わる、みたいな。

女性A：もう1回言って？　ツムデアリー？

女性B：違うよおバカ。彼はツンデレってこと。つまり、外見は酸っぱくても中身は甘い、酸でコーティングされた飴ね。

女性A：確かにその通りだわ。でも酸の部分はなくてもいいよ！

Come again? は、ここでのように相手の発言が聞き取れなかった場合に使えるフレーズです。相手との間柄が親しいときに用います。かしこまった場で聞き返す必要が出てきたときは、Could you say that again, please? と伝えましょう。

BJ's comment

　解説を読んで、「acid-coated candy」の意味はわかりましたが、まずそう！　橋本さんが書いた通りキツそうな食べ物ですね。イギリスのスパイ「007」がポケットに忍ばせておいて、いずれ敵に食べさせる計画を立てるような特殊なキャンディーのイメージが浮かんできました！

ドヤ顔

📖 意味：うまくやったと言わんばかりの得意そうな顔つき。

私ならこうしちゃいます

the triumpface

単語をつなげて「インパクト・コンパクト」を実現！

　さて、今回はいったんフレーズを単語に分解してから組み立てるアプローチをとりたいと思います。まず「ドヤ（どうだ！）」は、勝ち誇ったような達成感と人に注目されたい気持ちを表していますね。この誇らしい気持ちをイメージしていくうちに、**triumphant**（勝ち誇った）という単語を思い出しました。

　一方、「顔」は素直に face を使います。そうすると、**a triumphant look on his/her face** という普通の説明が出来上がります。しかし、これでは「ドヤ顔」という言葉が持つ「インパクト・コンパクト」なパワーが発揮されていないのです！　日々私が通訳を行う中でも、「インパクト・コンパクト」は常に意識しています。通訳者が長々と訳してしまうと、その分、皆さんがお話しする時間を奪ってしまいますし、そもそも説明的な訳ではリズム感が失われて「心に響かない」からです。

　そんなわけで、**a triumphant look on his/her face** をもう一段階、煮詰めてみたいと思います。どうすればパンチが出るかな〜？

　試しに **triumph** と **face**、両方の単語を声に出して言ってみると、triumphの「ph」と、**face** の「f」は発音が同じですから、くっつければ造語になりそうです。ちょいとメリハリを付けて発音していただく必要がありますが、ハイ、声に出して読んでみてください→ **Look at his triumphh-fface!**　よし、これなら実際に使えそう。ドヤッ！（笑）

　念のため「**triumpface**」とネットで検索してみたところ、「あなたが知りたいのは Trump face ですか？」と、トランプ前大統領の顔がたくさん出てきました（笑）。いやー、これは世界トップクラスのドヤ顔ですね。

実際に使っちゃおう！（例えば親子で…）

Phew! Mom, you should know that I worked on my homework for 48 hours straight. Sleep, eat, work. Nothing else.

Oh, look at your **triumpface**. I don't know if you should be so proud given your "all play and no work" lifestyle throughout the summer.

Don't need to go there, Mom. It has been very efficient. All you need is a case of Red Bull.

There you go, your ridiculous **triumpface** again. Just beware of the blood sugar crash that'll eventually hit you.

語注：**straight**: 休まずに、続けて / **given**: 〜を考えると / **efficient**: 効率的な、効果的な / **ridiculous**: ばかばかしい / **beware of**: 〜に用心する、注意する

息子：ふー！ 母さん、言っとくけどもう48時間ぶっ続けで宿題やってるからね。寝て、食べて、宿題する以外は何もやってない。

母：もう、何そのドヤ顔。夏の間、遊んでばかりで勉強しない生活を続けていたのに、そんなに誇りを持つこと？

息子：それは言わなくていいんだ、母さん。めっちゃ効率いいんだから。レッドブル一箱さえあればね。

母：またそのふざけたドヤ顔よ。気をつけなさいよ、そのうち急激に血糖値が下がってグッタリするからね。

 最後の吹き出しの the blood sugar crash は、「血糖値の急降下」という意味です。crash は相場などが暴落するときにも使われます。

BJ's comment

triumpface をきちんと発音しないと、Trump face と聞こえてしまうかもしれません。triumpface は poker face の正反対でしょう。poker face は、ポーカーのゲームで自分が持っているカードの良し悪し関係なく真顔のままをキープすることです。良いカードを与えられたときは、決して他のプレーヤーにバレないように、そして triumpface にならないように！

びみょ〜

NOTSSY / NITSBY

📖 意味：なんとも言いかねる際に用いる。

発想の源は NIMBY（Not In My Back Yard）

「どう思う？」「いやぁ……。びみょ〜（苦笑）」というやりとり、すっかり定番になりましたね。よく考えたらこれはとっても日本的な表現です。直接的に「良くない」と言ってしまうと角が立つので「判断が微妙なところだ」とオブラートに包むのでしょう。同じような言葉をグラデーション状に並べてみると、ヒドイ＞悪い＞良くない＞イマイチ＞びみょ〜って感じでしょうか。実際に通訳の現場でとっさに訳すことになった場合は、文脈にもよりますが、**iffy**（断言しづらい）、**sketchy**（怪しい）、**awkward**（気まずい）→さらにスラング化して**awky**（気まず〜）などのワードチョイスができるでしょう。

あるいは安全に逃げる手としては、**I'm not so sure.** という訳でもよいかもしれません。しかし、これでは新しい英語を作ったことにはなりません。**I'm not so sure.** を日本語に訳し戻すと「いやぁ、どうかなぁ」という和訳にしかならないですものね。もうちょっと工夫する余地がありそうです。

そこで、ひとひねり加えて、今回は若者が好みそうな略語やネットスラング風に仕立てて、**acronym**（頭字語）を作っちゃいました！　それぞれ、**NOTSSY ＝ NOT So Sure Yet**（何とも言えない）、**NITSBY ＝ Not ITS Best Yet**（最高とは言いがたい）です。例えば、**What do you think?** という質問に対し、**Well, I guess I'm NOTSSY...** あるいは **To be honest, it's NITSBY.** という感じで使ってもらえたら嬉しいです。もちろん定着するまでは解説が必要です。

ちなみに、発想の源は **NIMBY（Not In My Back Yard）** という環境問題や都市開発のテーマで出てくる定番の専門用語です。よく出来た言葉ですので、ぜひ調べてみてくださいね。

Hey, have you been to Tom's gallery opening?

Oh yeah, I went. Although his artwork feels so crypted with all those blotches of color and geometric shapes... To be honest, it's **NITSBY**.

I agree. Maybe he still hasn't established his style yet. I'm **NOTSSY**.

Yeah, but what do we know? All I can do is only so much as draw stick figures.

True. I'm in no position to judge contemporary art, either. Let's hope he does well!

語注：**blotch**: しみ、汚れ / **geometric**: 幾何学的な / **establish**: 〜を打ち立てる、確立する / **stick figure**: 棒人間、棒線画 / **contemporary art**: 現代美術

男性A：なあ、トムの新しい個展行った？

男性B：ああ、行ったよ。でも、作品がさ、なんかいろんな色がブチャっとなってたり、幾何学的な形が描かれていて謎だったよ。正直びみょ〜だった。

男性A：僕もそう思う。まだ自分のスタイルを確立できてないのかな。なんとも言えないな。

男性B：でも、僕らに何がわかるって話だよな。僕なんて棒人間しか描けないし。

男性A：確かに。僕も現代アートを評価できるような立場じゃないな。彼の成功を祈ろう！

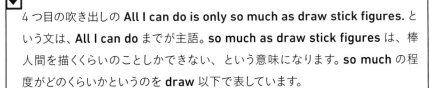

4つ目の吹き出しの **All I can do is only so much as draw stick figures.** という文は、**All I can do** までが主語。**so much as draw stick figures** は、棒人間を描くくらいのことしかできない、という意味になります。**so much** の程度がどのくらいかというのを **draw** 以下で表しています。

 BJ's comment

今回の提案を読んで **not my cup of tea** を紹介したくなりました！　いかにもイギリス的なフレーズで、**NOTTSY / NITSBY** と似たような表現です。そのまま訳すと、「私の紅茶（の種類）ではない」、つまり、私の好みではないという意味になります。

ちなみにアメリカでこのフレーズが通じるかどうかわかりません。かといって、**not my cup of coffee** というフレーズが使われているわけではないようです。

ブラック企業

📖 **意味：従業員に対して劣悪な環境での労働を強要する会社のこと。**

私ならこうしちゃいます

merciless.com

和製英語は要注意！　そのまま訳すと誤解を招く

　これは典型的な和製英語です！　そのまま **black company** と英語に置き換えたって伝わらないし、下手をすると人種差別になりかねません。だからといって、**blacklisted company**（ブラックリストに載っている企業）と訳したところで実際そんなリストが存在するわけでもなく、そこを真面目に訳しても仕方ないですしね。

　定番の表現に **sweatshop**（搾取工場）という表現がありますが、イメージが衣料の製造工場に偏ってしまいます。やはり、誤解なくニュアンスを伝えるには、どういう職場なのかを説明するのが一番です。例えば、**a workplace that forces its staff to work extremely hard but pays very little** とか。

　しかし、ここからが腕の見せ所です！　キーワードを一つに絞るとしたら何でしょうか？　暴力を連想させる **inhumane**（非人道的な）、**brutal**（残酷な）はちょっと誤解されそうです。**heartless**（冷酷な）、**cruel**（非情な）は、物よりも人に対して使うことの方が多いです。**exploitative**（搾取的な）は正しいけれど、そのままではひねりが足りません。というのも、「ブラック企業」は自虐ネタやジョークとして使われる場合が多いですからね。

　そこで、私は **merciless**（無慈悲な）というワードチョイスをし、ユーモアのスパイスにしちゃいました。末尾に **.com**（ドットコム）を付ければ、いかにも悪そうな社名の出来上がり！　冗談で使う分にはクスッと笑ってもらえそうです。

実際に使っちゃおう！（例えば友達と電話で…）

I had back-to-back meetings all day and ended up replying to e-mails till the middle of the night. Plus, I've brought work home for the weekend.

Whoa, didn't your CEO announce a workstyle-reform program last month? Why are you being forced to work like that? Talk about **merciless.com**!

I don't know that company. What does it do?

It's not an actual company name. I just meant... Never mind. Just get some sleep!

語注：**back-to-back**: 連続した、続けざまの / **Talk about...!**: …とはこのことだ!、なんて…だろう!

男性Ａ：一日中ずっと会議でさ、その上夜中までメールの返事に追われる羽目になったんだ。しかも週末は仕事持ち帰りだし。

男性Ｂ：えええ、先月社長が働き方改革を発表してなかったっけ？　なんでそんなに働かされてるの？　無慈悲ドットコムじゃん！

男性Ａ：何それ、知らないんだけど。何の会社？

男性Ｂ：ホントの会社名じゃないよ。言いたかったのは……、いや、気にしないで。とにかく寝なよ！

 1 行目の **ended up doing** は、「〜することになった」という意味です。また、次の文の頭の **plus** は接続詞的に「〜に加えて」という意味で使われています。

 BJ's comment

merciless.com、いいですね！　merciless PLC、merciless Inc. とかでも使えそうです。橋本さんが解説されている通り、ブラックをそのまま使い、例えば **black company** にしてみると、誤解を招くかもしれません。人種差別と捉えられてしまうケースもあるし、赤字ではなく黒字で景気の良い会社とみなされてしまうこともありそうです。「ブラック企業」に対応する英語が、パッと思い付きませんが、そのような会社が欧米にないからだ、ということではありませんよ！

ボケとツッコミ

📖 意味：とぼけることと、鋭い口調でそれを指摘すること。また、そのような発言をする人。

私ならこうしちゃいます

goofball and slicer

ボケを一刀両断する

　18歳の時に神戸から移って以来、東京での生活が随分と長くなりましたが、関西人の気質が心の中にある限り、このフレーズを取り上げないわけにはいきません。もちろん、欧米にも **comedian**（お笑い芸人）はいます。そして、**funny man/straight man**（ボケ役・ツッコミ役）というのも既にあります。しかし、「発言」としてのボケ・ツッコミとなると、英語には無いですよね！　今回は、この部分について、新たな英語を作っちゃえ！という趣旨です。

　まず、私が最初に思いついたのが、**goofball** というスラングです。これはお間抜けなことばかりやっているような「人」を指します。決してボールではありません。しかし、これをあえて実際に投げるボールに掛けて、**throw a goofball**（ボケをかます）という表現を作っちゃいました！　このようなひねりを加えることによって、**goofball** は「人」でも「ボール」でもなく、「ボケ」になりました。

　では、ツッコミの方はどうしましょうか？　こちらも同じく「ボール」からのひねりを効かせることによって「ボケ」との統一感を出したいと思います。そうすれば「ピッチャーとバッター」のような関係で「ボケとツッコミ」が対応しますよね？　ツッコミ＝バッサリ切るような発言ですから、**slicer** としました。これで、飛んできた **goofball**（ボケ）を、容赦なくバサッと切る **slicer**（ツッコミ）というふうに、呼応する関係ができました！

　応用編として、**slice the goofball**（ボケを一刀両断）というのもできちゃいます。ボケた発言（名詞）にツッコミを入れる（動詞）というふうに、名詞と動詞のコンビネーション技もお楽しみください！

This is incredible! This is my first time ever in a luxury car showroom!

Me, too. Did you know that you can order a car right here, on the spot?

Sure. I'm buying one right now. Let me see... Oh, darn! I'm just five yen short of the price I need to pay for a Porsche.

Ha ha. Can you see me rolling my eyes?

Wait, don't leave me hanging in the air! I just threw you a **goofball**, so now you need to be the **slicer**.

No, silly. It's not like I give you five yen and you'll be driving a Porsche home.

語注：**roll one's eyes**: あきれた表情をする / **hang in the air**: 〜を宙ぶらりんで放っておく

会話文意訳

男性A：すげぇ！　高級車のショールームなんて生まれて初めてやわ！

男性B：俺も。ここで今すぐ車を買えるって知ってた？

男性A：もちろん。今、買うから。えっと……ああっ！　ちょうど5円足りへんから、ポルシェ買われへんわ！

男性B：はいはい。ホンマあきれるんやけど。

男性A：いや、ちょっと待ってや。このまま放置せんといてー！　今俺がボケてんから、ツッコミ役になってくれんと。

男性B：アホか。俺が5円渡したところでポルシェに乗って帰れるわけないやろ！

☑ Oh, darn! は「くそー！」や「しまった！」という意味の間投詞。ここからボケが始まります。最後の吹き出しの No, silly. は、「バカだなあ」というニュアンス。意訳では「アホか」という関西風のツッコミフレーズに変換されています。

BJ's comment

コメディアンの私に一つ説明させてください！　英米にも「漫才」のように、ボケとツッコミに分かれて芸をする二人のコンビはあります。だから、橋本さんが説明したように funny man/straight man という "訳" が既にあります。こういうお笑いは、昔からあったんですよ。ハリウッドでは Laurel & Hardy というコンビが有名で、イギリスの場合、最も有名なコメディアンのほとんどは、まさに漫才スタイルでした。1980年代の後半頃から徐々にテレビで見かけなくなり、今の「ピン」のスタイルがメインになりました。理由としては、一人の方が主張がより強く面白いからだと言われていますが、コンビと違ってギャラを分けずに済むからだという説もあります！

窓際族

📖 意味：実質的な仕事を与えられず、窓際に追いやられたサラリーマンを指す。

私ならこうしちゃいます

old furniture

「窓際」を訳す必要はありません

　「窓際族」は、出世コースから外れてしまった中高年サラリーマン（当時は男性がほとんど）を揶揄する言葉で、1970年代に流行り始めたようです。

　英語にする際、まず意識するポイントは、終身雇用制が欧米では珍しいということ。一般の外国人は「日本では人をクビにすることが難しい」という前提を知らない可能性が高いでしょう。「さっさと転職すればいいじゃん？」と、解せない人が多いはずです。さらに難しいのが、西洋の一般的なオフィスは昔から **cubicle**（パーティションで仕切られた個人のスペース）があり、昭和の日本とは全く異なるという点です。部長、課長、平社員、パートさんが序列に応じてデスクをくっつけていた風景なんて想像できないのです。つまり、窓際族の存在理由もわからなければ「窓」の意味も伝わらない。これを **window seat** なんて訳した日には、「窓側の席なの？　見晴らしが良くていいじゃん」と受けとめられそうです。

　ちなみに、「役に立たない社員を閑職に回す」という意味なら **kick upstairs**（上の階に追いやる）という既存の表現がありますが、この「上」は「上級職」という意味ではなく、「屋根裏」という感じです。とにかく「窓際」は通じないので、この単語を必死になって訳す必要はありません。

　職場の風景と一体化した古びて使いづらい什器。捨てるのも簡単ではないので持て余している。そんな人を **a piece of old furniture** と呼んでみれば、悲しいかなピッタリの表現になっちゃいます！　しかし時代が変わり、窓際族も絶滅しつつあります。今は、会社に貢献できていないのはオンライン会議で **always on mute**（いつもマイクがミュート）になっている人かもしれません。

実際に使っちゃおう！（例えば友達と…）

I heard the layout changed in your office since the pandemic.

Yeah. Do you know the "free address" style? It basically means free seating. My favorite spot is right beside the window. I can enjoy a great view of the park.

Sounds nice... Although the term "window" reminds me of *madogiwa zoku* during Showa. Are you trying to become the **old furniture** type?

Ha ha. No, I just like to look at the greenery outside because my eyes are so tired from the screen!

語注：**layout**: 配置 / **basically**: 要するに、基本的に / **term**: 言葉、言い方 / **greenery**: 草木、青葉

男性Ａ：コロナ禍でオフィスの配置が変わったって聞いたよ。

男性Ｂ：そうなんだ。「フリーアドレス方式」って知ってる？　要するに自由席なんだよ。僕の好きな場所は窓際。公園の景色が楽しめるんだ。

男性Ａ：いいねえ。「窓」って言葉を聞くと昭和の窓際族を思い出すけどね。君もさびれた家具同然の社員になろうとしてるの？

男性Ｂ：ははは、まさか。画面の見過ぎで目がすっごく疲れてるから、外の緑を見るのが好きなだけだよ！

My favorite spot is right beside the window. の **right** は、位置を示して「ちょうど、すぐ」といった意味になります。

BJ's comment

「窓際族」と似たような表現の **send out to pasture** を紹介させてください。**pasture** は牧場のことですが、これは競走馬や競馬の業界に由来があるフレーズです。充実したキャリアを終えて、最後に農場でのんびりした生活が送れるような、ニュアンスとしてはポジティブなフレーズと思えるかもしれませんが、そんなことはありません。**send out to pasture** させられたら、出世コースから外れてしまった中高年サラリーマンが、もう会社へ貢献できないと判断され「クビ」にされたという意味です！

むちゃぶり

📖 意味：無理難題を押し付けること。

私ならこうしちゃいます

drop the ultra D

「振る」を「降る」に変換！

　元々、漫才における「むちゃ振り」は、ネタの前フリに対して相方がボケて、それに対してツッコミを入れるというパターンのことですが、今では「そんな……むちゃぶりもいいところだ！」というふうに日常生活の中でむちゃな要求をされて困ったときに使われていますよね。

　まず、**drop** という言葉の選択について解説します。これは、既存の表現で **drop a bombshell**（爆弾発言する）というのがあって、要は、びっくりするような情報が突然降りかかる（= **drop**）という動きを表しています。ちょうど「ふる」の漢字違いになりますが、日本語の「振る（**swing**）」を英語では「降る（**drop**）」に変換した方が突然感を表す英語らしいニュアンスになると考えました。つまり、日本語でいうところの「むちゃを振られる」を英語にすると「むちゃが頭上から降ってくる」になるという感覚です。

　一方、ウルトラ C というのは和製英語です。1964 年の東京オリンピックで体操選手が至難の技をキメた際に、実況中継でウルトラ C が使われたことから当時の流行語となったようですが、この **C** を一つずらして **D for demanding**（要求が厳しい）にしちゃいました！　こんなキツい要求を突然振られたら困ってしまう。なんて **demanding** なんだ！　**Mission impossible** じゃないか！　と言いたくなるようなシチュエーションで使っていただけたら幸いです。

Hey, wanna come over and do something fun?

Nah, I can't right now. I'm grounded for gaming too much. Plus, I'm being forced to do a bunch of chores, like making dinner and cleaning the toilet!

But you can't cook or clean! What an **ultra D** your parents have **dropped** on you.

I know, right?! Talk about cruel and unusual punishment!

Well, as your best bad influence, I suggest fighting back with dereliction of duty!

語注：**grounded**: 外出を禁じられた / **chore**: 家事 / **dereliction of duty**: 職務怠慢

会話文意訳

男の子Ａ：ねぇ、うちに遊びに来ない？

男の子Ｂ：いや、今は無理なんだよ。ゲームのやりすぎで、外出禁止にされちゃった。しかも夕食作りとかトイレ掃除とか、いろんな雑用を押し付けられてるんだよ！

男の子Ａ：でもお前、料理も掃除もできないじゃん！　すげーむちゃぶりだね。

男の子Ｂ：そうでしょ !?　「残酷で変わった罰」ってまさにこのことだよ！

男の子Ａ：まあ、一番の悪友としては、こちらも職務怠慢で反撃することをおすすめするよ！

 冒頭のセリフに出てくる **come over** という句動詞は「こちらにやって来る、会いに来る」といった意味。

BJ's comment

　「むちゃぶり」という言葉の由来、漢字違いの日本語動詞、そして 1964 年の東京オリンピックの背景を織り交ぜて、最適な英訳が誕生しています。それに対して、私は賢いかつユーモラスなコメントを書かなきゃいけない。これこそまさに「むちゃぶり」だと思います！

老老介護

📖 意味：お年寄りがお年寄りを介護すること。

私ならこうしちゃいます

a crutch with a cane

crutch は「支え」の比喩

　四字熟語って究極の「インパクト・コンパクト」ですよね！　漢字だけで情景が想像されて伝達効率が高いのが特徴ですが、英訳するのは大変です。もちろん、一石二鳥 (**kill two birds with one stone**)、試行錯誤 (**trial and error**) など簡単なのもありますが、一念発起、我田引水など、説明的にならざるを得ないものが大多数です。

　さて、「老老介護」をシンプルに訳すと **elderly care provided by elderly people** ですが、問題が一つあって、このままでは会話の中で非常に使いづらいのです。例えば、「お父さんの病状が進んでしまって、もう老老介護よ」とか、「老老介護は社会問題です」といった和文を英訳してみるとわかります。そこで、使い勝手を向上させ、**a crutch with a cane** という英語を作っちゃいました！

　まず、**crutch**（松葉杖）は「支え、サポート」を意味する比喩です。実は、**prop**（つっかえ棒）もそういう意味では同じなのですが、要介護者が必要としているのはつっかえ棒レベルの支えではなく医療レベルの場合が多いと考え、病院を連想させる **crutch** を選択しました。次に、**with a cane**（杖をついて）ですが、これは「介護者も杖をついている」という意味です。実際に杖をついているかどうかではなくってそういう年齢だ、ということ。このフレーズが定着すれば、たとえ「老老介護問題」と漢字が六つ並んでも、**"the crutch-cane issue"** と一刀両断 (**in a single sweep**) に訳せちゃいますよ〜！

How's college life in Sydney, dear?

Good, Grandma. It's great to have this chance to study abroad. I sometimes miss home, though. How's Grandpa doing?

Well, he's not getting any better. Until there's an opening at the care center, I'm **his crutch with a cane**, unfortunately.

I'm so sorry to hear that. I guess those centers just don't have enough capacity, do they?

That's right. This crutch-cane issue is a real problem for the whole country now. But don't you worry, dear. We'll figure it out.

語注：**care center**: 介護施設

祖母：シドニーでの大学生活はどう？

孫：いい感じだよ、おばあちゃん。こんなふうに留学する機会をもらえて最高だよ。時々家が恋しくなるけどね。おじいちゃんの具合はどう？

祖母：まぁ、良くなってはいないねぇ。残念ながら、介護ホームの空きが出るまでは老老介護よ。

孫：そっか……。残念だよ。介護ホームって、全然キャパが足りないんだろうね。

祖母：その通りよ。老老介護問題は今や国全体の深刻な問題だからね。でもあなたは心配しなくていいのよ。何とかするから。

☑

最後の吹き出しの **We'll figure it out.** は、「何とかするよ」と言いたいときに使えるフレーズです。**figure out** というイディオムには「〜を計算する」「〜を理解する、わかる」「〜を解決する」という意味があります。

BJ's comment

「老老介護」と聞いて、ピンとくる英語がないんですが、社会問題としては十分存在しています。確かに「老老（**double elderly**）」の部分を自然かつわかりやすく伝えるのが難しいなぁと思いました。そういえば、意味は異なりますが「老老介護」という日本語と構成が似たフレーズ **"the blind leading the blind"** を思い出しました。これは、「知識がない人が、同様に無知な人を指導すること」を指します。

Part
3
ことわざ・慣用表現編

ことわざや慣用表現には、日本固有の文化や歴史がぎゅっと詰まっています。
ただ直訳するだけでは意味不明な英語が出来上がることも……。そんなときは、
どのようにアプローチするのが良いのでしょうか。16の言葉からその方法を
紐解いていきます。

頭隠して尻隠さず

📖 意味：悪事や欠点の一部を隠して全てを隠したつもりでいること。

an obvious cover-up

落とし穴には要注意

　日本語としては語呂が良く、印象に残りやすい表現です。これを **you're hiding your head but your butt is sticking out** と直訳したら、まぁ、面白いですけれど (笑) さすがに長すぎます。ここでも言葉尻に捉われずに【非言語地帯】の中で状況をイメージしてみましょう。何が思い浮かびましたか？ ベッドの下に頭を突っ込んで隠れたつもりの犬がしっぽを振っている光景、あるいは小さな子どもがかくれんぼをしている姿でしょうか。そういえば「キジの草隠れ」という言葉もありました。そのまま訳すと、**a hiding pheasant** となり……あれ？　できちゃった！　あまりに簡単で、解説するまでもありません。しかし、ここにちょっとした落とし穴があります。会話の中で使うことを想像してみてください。「キジが何？」と聞き返されたらアウトです。そうすると、わざわざ「キジって尾が長いから身を隠すときにバレやすいんだよ」と説明するハメになり、説明し終わった頃にはポイントがズレてしまいます。

　さらに、「頭隠して尻隠さず」には、大きく分けると「物理的に身を隠す」というパターンのみならず、「事実を隠蔽する」という用例もあるじゃないですか。そのときに、キジの話を出してしまうと、非常に回りくどくなるのです。英語圏ではキジが有名な鳥トップ 3 に入らないことも相まって、「その鳥はよく知らん。で、何が言いたいの？　……あぁ、**cover-up** (隠蔽) のことね。だったら最初からそう言ってよ！」となります。キジを出してしまったがために会話の本質が伝わらず、コミュニケーションの妨げになるので要注意です。「尻隠さず」については、**obvious** がよいでしょう。「明らかな」という意味だけでなく、「見え透いた、露骨な」という含みもあるからです。

ダウンロード 38

実際に使っちゃおう！（例えば休憩中に…）

 All right! Finally, it's snack time. Let's see—where is the lovely pudding I've been saving?

Um, I think they cleared out the fridge this morning.

 What do you mean you THINK they cleared out the fridge. And just who is THEY?!

I'm not sure, but...

Oh, I see. [*Rummaging in the trash can*]
Aha! My pudding! It's empty!!

I guess they cleared out the pudding, too. I'm sorry.

What **an obvious cover-up**. This is your spoon here! You know what they say about grudges over food, don't you?

語注：**save**: 〜をとっておく、蓄える / **clear out**: 〜を片付ける、〜の中の物を取り除く / **rummage in**: （何かを探して）〜をひっかき回す / **trash can**: くず入れ / **empty**: 空の、中身のない / **grudge**: 恨み、怨恨

会話文意訳

女性：よし！　やっとおやつの時間だ。あれ、私がとっておいた愛しのプリンはどこ？

男性：ああ、なんか今朝彼らが冷蔵庫を片付けてたと思うよ。

女性：彼らが片付けたと「思う」ってどういう意味？　「彼ら」って誰！？

男性：わかんないけど……。

女性：わかった。（ゴミ箱をあさりながら）あった！　私のプリン！　食べられてる！

男性：多分彼らがプリンもきれいにしたんだよ。お気の毒に。

女性：なんてわかりやすい罪隠しなの。これあなたのスプーンでしょ！　食べ物の恨みは怖いって知ってるわよね？

> ☑
> 最後の吹き出しの **You know what they say about..., don't you?** は、「よく…だって言うでしょ」といった意味で使われています。

BJ's comment

　面白い言い回しですね！　英語には似たような表現で、ダチョウが頭だけを砂の中に突っ込むことに由来する **bury your head in the sand** というフレーズがあります。まさに「頭隠して尻隠さず」状態ですが、意味としては、「難しい事実・現実を無視する」ということです。同じポーズですが、意味が違います。ちなみに、ダチョウが頭を低くするのは、ただ砂の中に作る巣を整えたり卵を回したりしているだけだそうです。

後の祭り

📖 意味：もはや手遅れであること。

The concert was yesterday.

ポイントは「にじみ出る後悔の念」を表すこと！

「祭りが終わった後で会場に行っても見るものはない」という由来から、まずは a Christmas tree in January というフレーズが頭に浮かびました。この発想でいろいろと挙げてみます。hunting for Easter eggs in May とか？ Roasting Thanksgiving turkey in December とか？ いや、ターキーはいつ焼いたっておいしいし……と、連想ゲームがエンドレスに続きます。

そんな流れで、雑誌には trick-or-treating in November という案を掲載したのですが、本書を執筆するにあたり、この案が最適解ではなかったことに気付きました。なぜって？ これでは単なる「季節外れ」であって、「やっちまった感」が表現できていないのです。いやー、当時はいいと思ったんだけどなぁ、中途半端な解答を出してしまった……まさに後の祭りとはこのことよ！ あぁ、この気持ちを表現する英語は何だろう？ いろいろと考えを巡らせた結果、**The concert was yesterday.** という英語を作っちゃいました！ おいおい、祭りをコンサートに置き換えただけじゃねーか！と怒らないでくださいね。中野サンプラザのコンサートホールの前で昨日の日付のチケットを握りしめて呆然と立ちすくんだ実体験がありまして……。苦々しい気持ちはちゃんと通じるはずです。

ところで、「後の祭り」と聞いて、直感的に **the party's over** という既存のフレーズを連想した方はいらっしゃいませんか？ 表面上の響きは似ていますが、**the party's over** は、「今までの出来事はお遊びだ。ここからは本気出して行くよ！」という意味なので、決して「手遅れ」という意味ではありません。何となく似ているからという感覚だけで訳を当ててはいけませんね。

実際に使っちゃおう！（例えばコンサート前に…）

Oh, I'm so excited! We finally get to see our beloved BTS play live!

I know. It's unbelievable that they are actually here for us in this concert hall. I still can't even believe how lucky we are to have these tickets!

Wait! Are we here too early? Why is it so quiet around here? I don't see any crowds.

True... Do we have the wrong entrance? Let's ask the guard over there.

The concert was yesterday, I'm afraid.

Seriously!? I'm about to faint. Can we turn back time???

No. That ship has sailed. And I don't think I'll ever get over this mistake...

語注：**beloved**: 最愛の / **faint**: 失神する / **get over**: 〜を乗り越える、〜から立ち直る

女性Ａ：わあ、めっちゃ興奮する！　ついに大好きな BTS を生で見れるね！

女性Ｂ：ほんとにね。彼らがこのコンサートホールにいるなんて信じられない。チケットを取れた私たちはなんてラッキーなの！

女性Ａ：待って！　私たち早く来すぎたのかな？　なんでこんなに静かなの？　人だかりも全然ないし。

女性Ｂ：確かに……。入口間違えたのかな？　あの警備員さんに聞いてみよう。

警備員：コンサートは昨日ですよ。残念ながら、後の祭りです。

女性Ｂ：まじで!?　やばい、気絶しそう。時間を戻せない？

女性Ａ：無理。もう手遅れだよ。この失敗から一生立ち直れる気がしない……。

 ６つ目の吹き出しの **(be) about to do** は、「まさに〜しようとしている」という意味。

 BJ's comment

　私は今までの人生で２回、空港に行って「お客さん、この便は明日です」と言われたことがあります。２回とも深夜の便だったので、チェックインが当日で出発が零時過ぎのため「翌日」となり、ちょっと混乱していました。が、１日早く到着することは、**The concert was yesterday.** な状況よりもましですね！　橋本さんが **trick-or-treating in November** を見直して、本書が出来上がる前に日本語とズレていることに気付き、後の祭りにならなくて良かったです。

言われるうちが花

 Enjoy the music while they play it for you.

意味：何かと指摘されるのは気に掛けてもらえている証拠だということ。

指摘とは、君のために演奏している音楽である

「言われるうちが花」の本質を素直に訳せば、**They're telling you this because they care.**（彼らは君のことを気に掛けているからこそ、そう言っている）になります。しかし、この「花」ってどういう意味なんでしょうね？　国語の専門家にじっくりと伺ってみたいところですが、「注目されている」といった状態を表しているのでしょうか。いずれにしても、この文脈で flower と直訳しても通じないことは明らかです。

そんなふうにいろいろと考えていたところ、突然、花つながりで「花の都パリ」という言葉がプカ〜ンと頭に浮かび、シャンソンが頭の中で鳴り始めました。そんな自由な連想に身を委ねているうちに、ふと「花」を music に置き換えてもいいのでは？と思えてきました。「花」も「音楽」も基本的にはポジティブな印象があり、言葉の響きが耳に心地よいですよね？　他人から言われてしまうとつらい苦言やお叱りなども「音楽」と捉えれば、耳に痛いご指摘だって少しは心穏やかに受けとめられそうじゃないですか。BGM のように聞き流すという対処法もありますし……（笑）。

最近は「言われるうちが花だよ」と言われるとむしろ嫌味に感じる人もいるようですので、「いろいろ言われて大変だろうけど、君のために演奏している音楽だと思ってさ、ちょっとは聴いてみたら？」とやんわり伝えてみてはどうでしょう。「ありがたい」という心境にはなれないかもしれないけれど、助言を心に留めてもらえたらいいわけですから、ね。

実際に使っちゃおう！（例えば休憩時間に…）

My boss finds flaws in everything I do—my presentations, my sales talks, my reports. Now, he's telling me I need to dress better!

Aw, he wants you to be perfect. He wouldn't say those things if he had no hopes for you. Think of his harsh words as music. **Enjoy the music while he plays it for you.**

His words are music? That almost sounds sarcastic, but thanks for the pep talk. I hope his music doesn't turn into a broken record.

語注：**flaw**: 欠点、あら、不備 / **sarcastic**: 皮肉な、嫌みな / **pep talk**: 激励 / **turn into**: 〜になる

会話文意訳

女性Ａ：うちの上司、私のやることなすこと全部にダメ出ししてくるんだよね～。プレゼン、セールストークに報告書。今度は服装にも気を配れってさ。

女性Ｂ：いや～、きっと完璧でいてほしいんだね。期待してなければそんなこと言わないよ。その上司の厳しい言葉を音楽だと思えばいいんじゃない？ 演奏してくれているうちは楽しんで聴いておけば。

女性Ａ：上司の言葉が音楽？ それってほとんど皮肉にしか聞こえないけど、励ましてくれてありがとう。ただ、壊れたレコードみたいに同じ曲を何度も聞かされる羽目にならなきゃいいけど……。

最後の吹き出しの **a broken record** は、壊れたレコードのように、同じことを何度も繰り返す人や物を指すイディオムです。

BJ's comment

　私はこの考え方がかなり好きです。特にマネジャーの立場として。部下や同僚にフィードバックを伝えるのは難しいことですが、指摘や評価を受けている側の人は、常に「言われるうちが花」というフレーズを心の中に留めておいてほしいです。フィードバックをもらえるというのは良いことですから、まさに音楽を聴くようにポジティブに受け入れてくれれば嬉しいです。成長してもらいたいからこそ率直で透明性の高いフィードバックを行っているのですから。

縁の下の力持ち

 意味：人に知られないで陰で努力する人を指す。

私ならこうしちゃいます

silent heavy-lifter

「縁の下」を veranda と訳しても意味なし！

「縁の下の力持ち」と聞いて、どんな人を想像しますか？　こういうお題は具体的な人物像を思い浮かべると表現しやすくなりますよ～。日本語でもなく、英語でもなく、脳内の【非言語地帯】でイメージにいったん置き換えることで、人物像が鮮明になります。そして、頭に浮かんだそのイメージを素直に言葉で表していけば、ユニークな描写が生まれやすくなるでしょう。決して和文英訳的な正解を探し求めたり、言葉尻に捉われる必要はありません。要は、人知れず力を尽くし、皆のために重要な役割を果たす人である、というイメージが伝わればよいのです。

さて、大変な仕事、重労働などを表す英語にはどういう言葉があるでしょうか。いくつかありますが、一つが grunt work（力仕事）です。そのほか、ビジネスの現場では heavy lifting（重労働、やっかいな仕事）もよく使われます。grunt work にしようか、heavy lifting にしようか……。迷ったときは、範囲が広い方を選ぶと安全です。ビジネスも含めてさまざまな場面で使いやすく、用途が広いのは heavy lifting の方だと考え、こちらにしました。

一方、「縁の下」はどうしましょうか？　これも実に日本的な表現で、英訳が難しい部分ですね。「縁の下の力持ち」の由来を調べてみると、元々は「縁の下」ではなくて、棟から軒へと渡した材木の下、つまり「軒下」だったそうです。なので、「縁の下」を under the wooden-deck とか veranda とか、それっぽく訳しても全く意味がないということになります。こういうときは、ズバッとエッセンスを捉えた方が誤解なく伝わります。「重たいもの（heavy）を静かに（silent）持ち上げる人（lifter）」とすれば、的確に伝わるでしょう！

実際に使っちゃおう！（例えば勤務中に…）

I am so tired! All this grunt work makes me wonder who works harder than me in this shop.

I can't believe how self-centered you could possibly be. Beth comes earliest in the morning to open the shop, and Tom always stays late to clean up after!

Oh, really? But they never really say that. Are they really okay with not being recognized?

Yes, they are willing to contribute, and they don't demand appreciation like you. They're what I call **silent heavy-lifters**.

語注：**wonder**: 不思議に思う / **self-centered**: 自己中心の、利己的な / **demand**: 〜を要求する / **appreciation**: 感謝、評価

会話文意訳

女性Ａ：疲れた！　こんなに力仕事ばっかりしてるけど、このお店で私より熱心に働いてる人いる？

女性Ｂ：なんて自己中な。ベスは朝一番に来てお店を開けてるし、トムは遅くまで残って掃除してるんだよ！

女性Ａ：ほんとに？　でも２人がそんな話してるの聞いたことないよ。気付いてもらえなくても平気なのかな。

女性Ｂ：そうだよ。あの２人は貢献したいわけであって、あなたみたいに感謝を要求したりしないよ。いわゆる縁の下の力持ちだね。

最後の吹き出しの **be willing to do** は、「〜するのをいとわない」という意味。必要であれば協力する、といったニュアンスで使われます。

BJ's comment

このフレーズを見て、サッカーが浮かんできました。素晴らしいチームには、必ず **silent heavy-lifter** がいます。あまり派手ではないので、ファンたちは気付かず、時としてチームのオーナーも気付かないものです。

　サッカーファンには有名な話ですが、2003年にレアルマドリードが縁の下の力持ちの正反対であるデビッド・ベッカムを獲得できるように、マドリードのキラキライメージにあまり似合わない、中盤のクロード・マケレレを手放したんです。当時のオーナーは、マケレレの努力や重要性をわかっていなかったらしいですが、チームメートは激怒しました。インタビューでは、**"Why put another layer of gold paint on the Bentley when you are losing the entire engine?"**（高級車のベントレーに金色をもう一つ塗り重ねても、エンジンがないと動けないんだ）という、素敵なコメントを残しています。

鬼に金棒

 意味：ただでさえ強いものに、さらに強いものが加わることの例え。

私ならこうしちゃいます

Popeye on spinach

相手が連想するものを考えて逆算する

　鬼は ogre、金棒は iron club ですから、直訳すれば ogre with an iron club となりますが、これでは外国人にとってあまりにも言葉足らずです。「何それ、devil with an ax（斧を持った悪魔）みたいな感じ？　危険人物の例えなの？」と捉えられる可能性があります。面白い会話の展開にはなるかもしれないけれど、伝わらない。ここはムキになって「鬼」を訳すところではありません。

　普通に訳せば the mighty become mightier になりますが、これでは単なる説明だから「作っちゃえ！」の趣旨から逃げたみたいで悔しい（笑）。こんなときは「相手の身になって考える」のが一番です。つまり、the mighty become mightier と聞いたときに、外国人がパッと頭に思い浮かべるイメージは何か？と「伝わった結果、相手が連想するもの」を想像し、そこから逆算していくのです。

　早速、アメコミに登場するスーパーヒーローたちをいろいろ思い浮かべてみたのですが、クラーク・ケントは電話ボックスの中で着替えているようにしか見えないし、アイアンマンの変身シーンは「武器を手に入れる」のとは違います。というわけで、行き着いたのがポパイ（Popeye the Sailor Man）です！ただでさえ強いポパイがほうれん草を食べると……？　このイメージを元に、Popeye on spinach ということわざを作っちゃいました！　ちなみに、on は patient on medication（投薬中の患者）の on と同じ使い方です。ピンとこない方は "popeye, spinach" とインターネットで検索し、あのテーマ曲とともに、缶詰のほうれん草を喉に流し込んでパワーアップするポパイの動画を見てみてくださいね。

実際に使っちゃおう！（例えば友達と…）

How are you, Cindy? Opening your new bakery must be really exciting!

Thanks, but the closer we get to opening day, the more nervous I'm getting. I mean, will I be okay? I don't even know if people will like my breads.

Well, I think they're great and that you'll do absolutely fine. But hand me those flyers. I'll pass them out in my office. Then you'll be like **Popeye on spinach**!

Really? Thank you! And I just came up with another product—spinach quiche!

語注：**hand A B**：AにBを渡す / **flyer**: チラシ、ビラ / **come up with**: （考えなどを）思い付く、考え出す / **quiche**: キッシュ　▶ベーコン、卵、チーズなどを入れて焼いたパイの1種。

女性Ａ：シンディ、元気？　新しくパン屋さんを開くなんて、ほんとにワクワクするね！

女性Ｂ：ありがとう。でも、開店日に近づくほど緊張してきちゃって。大丈夫かな？お客さんがパンを気に入ってくれるかわかんないし……。

女性Ａ：うーん、あなたのパンはおいしいし、絶対大丈夫。そうだ、このチラシちょうだい。会社で配ってくる。そしたら、あなたはもうホウレンソウを食べたポパイみたいだよ。

女性Ｂ：ホント？　ありがとう！　しかも今のでほうれん草のキッシュまで思い付いちゃった！

　3つ目の吹き出しの **hand me those flyers** のように、**hand** には名詞の「手」だけでなく、**hand A B** の形で「A に B を手渡す」という意味もあります。

BJ's comment

　Popeye は懐かしいです！　こう思う外国人はたくさんいることでしょう。ちなみに、「何かを得てパワーアップする人」として私の頭にパッと浮かんできたのは、ゲームのマリオでした。けど、**Mario on mushrooms** と言うと、パワーアップのキノコよりも薬物のマジックマッシュルームが連想され、誤解を生みそうでなんだか危険。**Popeye on spinach** はこんな怪しさを含む表現もなく安全です！

心を鬼にする

43

📖 意味：その人のためを思ってやむなく厳しくすること。

私ならこうしちゃいます

close all the soft spots

慣用句のニュアンスを取りこぼしなく伝えるコツは？

　またまた「鬼」の登場です！　鬼は日本の文化に深く根ざした存在であり、慣用句に出てきたら決まってハイコンテクストになると覚悟した方が良いでしょう。この手の言葉は説明が大変です。例えば「判官贔屓（ほうがんびいき）」もそうですよね？　「判官」を説明するのに源義経の紹介から始めていたら日が暮れちゃいます。鬼もそうです。日本人が「サタン」と聞いてもピンとこないのと同じように、西洋人は「鬼」と聞いてもイメージが湧かないのです。短いフレーズなのに意味深で、奥が深〜い慣用句。通訳中に突然出てくると「おわっ！」と焦ります。

　さて、「心を鬼にする」を一言で訳すなら **be bold**（心を強く、大胆に）です。でも、きちんと説明すると、なんと 4 段構えにもなります。まず、①相手に情があるという前提。②厳しい判断を下さなきゃいけない状況。そこで、③可哀想だと思う気持ちを押さえて、④厳しく振る舞うこと。この 4 段階を全て含めて訳すには？　西洋人にとってなじみのあるフレーズを起点にして、相手がよく知っているコンテクストに便乗して説明するアプローチです。

　皆さん、**I have a soft spot for...** というフレーズはご存じでしょうか？　大好きだから甘くなってしまう、〜にはめっぽう弱い、という意味です。英語圏の人は、これなら情感も含めてパッと理解できますので、これを起点に **soft spot**（心の柔らかい部分）を **close**（閉じる）という慣用句を作っちゃいました！

　動詞に **close** を選んだのは、**soft spot** の由来が泉門（赤ちゃんの頭蓋のぷにゅぷにゅと柔らかい部分）だからです。成長とともに閉じていくものですから、「柔らかい心を閉ざす」という意味にかけても、**close** はピッタリでしょう。

実際に使っちゃおう！（例えば夫婦で…）

Honey, should we get Charlie a mobile phone?

No. We already decided he's still too young.

Yeah, but he says he really needs one to communicate with his friends.

We have to give a hard no on this. This is where you need to **close all** those **soft spots** you have for him.

I guess... By the way, I noticed you bought a new gadget for yourself.

Oh, uh, yeah. But that's different!

語注：**hard no**: 断固とした断り / **gadget**: (目新しい) 機器、装置

会話文意訳

妻：ねえ、チャーリーに携帯買ってあげるべきかな？

夫：いや、あいつにはまだ早いって二人で決めただろ。

妻：そうだけど、お友達との連絡に必要だって言うの。

夫：はっきりとダメだって言わないと。ここは心を鬼にしなきゃ。

妻：そうね……。ところで、あなたは新しいガジェットを買ったわよね。

夫：あ……うん。でも、それとこれとは別な！

you need to close all those soft spots you have for him は、「彼に向けて開いていた心を閉じる」という意味です。「彼のために開いていた心を閉じる」という意味ではないことに注意！

BJ's comment

「言われるうちが花」と何となく対になるような表現ですね。言われる側ではなく叱る側の気持ちというか。そういえば、「心を鬼にする」と似たような意味の、**be cruel to be kind** というフレーズを思い出しました。親切心から厳しく接する、といった意味です。あえて厳しくするからこそ、言われる側も成長するという発想は、洋の東西を問わないのでしょう。

地震雷火事親父

📖 意味：特に怖いものを列挙した言葉。

the 4S shudders

4つのSで恐ろしいものを表す

　日本人同士なら皆まで言わずとも「地震雷……」だけで伝わりますよね？　しかし外国人には「昔、日本で恐ろしいとされていたものが4つあってね」という情報からインプットしていく必要があります。次に、「その4つというのは地震、雷、火事、父親でね」と説明します。すると、「最初の3つはわかるけど、なぜ父親？」と、外国人の頭の中に「？」が生じるので、また補足が必要になります。コツとしては、伝える順序を相手の理解に合わせて整理することで、日本独自の複雑な概念もスッと説明することができます。

　そこで私は **Things that traditionally made Japanese people shudder**（昔から日本で恐ろしいもの）それは **4S**、という表現を作っちゃいました！ Sでまとめたのは覚えやすくして印象に残すためです。地震は **shake**（揺れる）、雷は **strike**（打たれる）、火事は **scorch**（焼かれる）、親父は **strict fathers**（厳しい父）。「そりゃ怖いよねー！」と共感してもらえそうな単語を4つ並べ、**shudder**（身震いする＝怖いもの）でまとめ上げました。また、日本語をよく調べると、4つ目は親父ではなく、元々は台風（**storm**）だったという説もあるようです。その場合も **4S** でいけそうですね！

　そのうち「Wi-Fi ない」、とか「現代版の恐ろしいものリスト」が新たに出てきたりして（笑）。せっかくなので、「日本の良いところ」も挙げてみました！ **The Best Qualities of Japan—Safe, Clean, Tasty, and Omotenashi**。外国人目線ではこの4つが上位に来そうです。一番長い日本語のママ訳をラストに持ってくることで、「最初の3つはわかると思うけど、日本はオモテナシも格別よ！」と印象付けています。

Oh, the news headlines are so depressing recently. Say, what are some of the most terrifying things in the U.S., Melissa?

Nowadays, I guess they would be Covid, bushfires, guns, and inflation, too. How about in Japan?

Well, we used to have the traditional **4S shudders**: shaking earthquakes, striking thunderbolts, scorching fires and strict fathers. However, the last one is extinct now.

That's so interesting! So, if there are no more strict dads, what are they like now?

語注：**headline**:（ニュース放送の）主な項目 / **terrifying**: 恐ろしい / **bushfire**: 森林火災 / **scorching**: 焼き焦がすような、焼けつくような / **extinct**: 消えた、絶滅した

会話文意訳

女性A：はぁ、最近のニュースは悲しい話ばっかり。メリッサ、アメリカでは怖いものって何？

女性B：最近だと、コロナでしょ、山火事、銃、あとインフレかな。日本は？

女性A：えーっとね、伝統的に怖いものが4つあって、地震雷火事親父っていわれてるの。でも、最後の怖いお父さんっていうのはもう絶滅してる。

女性B：面白いね！　もう厳しいお父さんがいないなら、今のお父さんはどんな感じなの？

吹き出し1つ目に出てくる **Say,** は、「ねえ、そうだ」といった意味で、間投詞的な役割になっています。

BJ's comment

　このフレーズのイギリス人バージョンを作るとどうなるでしょうか？　何が恐れられているでしょう？　まずは、**God**。親が怖いイメージはそんなにないし、地震もない……。大雨かな？あとは **the taxman**（税金）でしょう。ヨーロッパとの戦争も繰り返し経験しているので、フランスを入れても良いかもしれませんが、ちょっと差別的なニュアンスが入ってしまいますので、やめましょう。**God, the Taxman & Heavy Rain**。あまり慣用句っぽくないですね（汗）。

鶴の一声

📖 意味：対立する多くの人を否応なしに従わせる権力者の一言。

私ならこうしちゃいます

a lion's roar

鶴と雀を別の動物で対比する

「雀の千声鶴の一声」は、小さな雀が 1000 羽集まってピーチクパーチク鳴くより 1 羽の鶴がカァと鳴く方が威厳があって優れていることから、大勢で議論してもまとまらない話が有力者の一声で決まるという例えです。**One cry of a crane is more powerful than the chirping of a thousand sparrows.** と直訳しても良いのですが、日本の象徴的な鳥たちのニュアンスは全く伝わりません。海外では雀も **power** や **good luck** などのシンボルだったりしますから、小林一茶氏とは捉え方が同一ではありません。

鶴についても十中八九、誤解が生じて、**"Cranes? You mean storks? They've been an icon for carrying babies for centuries."**（鶴ってコウノトリでしょ？　コウノトリって昔から赤ちゃんを運んでくるといわれているよ）と、連想があらぬ方向に。「いや、**stork** と **crane** は違うでしょ」「知らないよ、鳥博士じゃないし！」という議論も避けたいところです。結局、日本人が持っている鶴や雀のイメージは外国人に伝わりません。

でも、1000 と 1 という数の対比に注目すれば大丈夫です！　**a picture is worth a thousand words**（百聞は一見に如かず）なら、英語圏の人もよく知っていますからね。この構文を使って、**a lion's roar is louder than a thousand meows** という格言を作っちゃいました！　百獣の王とネコなら直感的に伝わるはず。**The decision was made with a roar of the lion. It's greater than a thousand meows!** と使ってみてください。「そんなことわざあるの？」とツッコまれたら、「あるよ。日本では鶴と雀だけどね」とトリビアを付け加えて、異文化トークを楽しんでくださいね。

実際に使っちゃおう！（例えば友達と…）

I can't believe the incineration plant is being built so close to my house. There was a campaign to collect signatures, and I signed it! Whatever happened to that?

Yeah. I heard that the decision was made primarily by the mayor. No matter how much we citizens voice our opposition, **a lion's roar** is greater than a thousand meows. But I heard it's going to be built with the latest technology. Maybe it won't be such a problem.

Then would you welcome one right in your neighborhood?

No, I must admit NIMBY.

語注：**incineration plant**: ごみ焼却場、清掃工場 / **collect**: 〜を集める / **signature**: 署名 /
primarily: 第一に、最初に / **mayor**: 市長 / **citizen**: 市民 / **neighborhood**: 近所、近隣

女性：ごみ焼却場が家の近所に建設中だなんて信じられない。署名を集めてたから、私も名前書いてきたのに。あれはどうなったのよ？

男性：うーん、あれは基本的に市長が決めたらしいよ。僕たち市民がどれだけ反対の声をあげても、雀の千声鶴の一声じゃないかなあ。けど、一応最新技術を使った焼却場らしいよ。もしかしたらそんなに問題にはならないかも。

女性：じゃあ、もしあなたの家のすぐ近くでも受け入れるわけ？

男性：いや、うちの近所は勘弁……。

　最後の吹き出しの NIMBY は、**not in my backyard** の略で、「（必要なのはわかるけど）うちの裏庭ではやらないで」という意味。この言葉、どこかで見覚えがありませんか？　そうです、「びみょ〜」（p.113）を英語で表す際に、橋本さんがインスピレーションを得たフレーズです。

BJ's comment

　このことわざはよくわかります！　なぜかというと、私が脚本を担当した国際結婚シットコム『**Home Sweet Tokyo**』で、「鶴の一声」をテーマにした回があったからです。この回では、繰り返しのミーティングで苦労した主人公が、何とかチームをまとめて結論に達しました。ところが、喜びもつかの間、突然部長が別の意見を出し、全てがひっくり返りました。まさに **a lion's roar** にやられたと言えます。

語彙の広げ方

　皆さんは「えっ!」という驚きを何通りの言葉で表現することができますか? 10通りとまではいかなくても、英語と日本語それぞれで5通りくらいは思い浮かびますでしょうか。パッと言葉が出ないときは、[驚く　類義語]とインターネットで検索してみてください。ざっと50通りは出てくるはずです。それぞれの言葉のニュアンスをつかみ、使い方まで調べておくと、徐々に使える語彙が増えていきますよ! また、誤訳を避けることにもつながります。日本語を深く理解すれば、「なるほど。だとすると、こんな英語にも訳せるし、あんな英語にも訳せるなぁ」と発想に広がりが出て、最適な訳をあてることができるようになります。

　また、英語の語彙を増やすには、類義語 (thesaurus) を調べるだけでなく、用例 (etymology)と語源 (origin) も調べるといいでしょう。言葉の成り立ちを理解しておけば、使い方を間違えることも少なくなり、自信をもって話せるようになります。

　さらに、もう1段上級のトレーニング方法もご紹介します。これは、単に類語辞典を引くよりも頭を使いますよ〜! まず、日本語で思いつく限りの表現をリストアップします。そして、それぞれにピッタリ合う英語をあてていきます。例えば、「値段が高い」ということをいくつものニュアンスでパラフレーズ (言い換え) し、それを英語にするのです! so expensive や veryexpensive はすぐ思いつくと思いますが、これだけではありません。「とても」の部分に焦点を当てると、extremely expensive (非常に高価な) や awfully expensive (ひどく高額な)、prohibitively expensive (許せない値段) など、多様な言い回しが可能です。

　私は日頃から街中で目にした広告や看板の面白いフレーズをピックアップしては、この練習をしています。例えば、質屋さんの「適正価格で買い取ります!」という看板を見たら、「質屋さんの『適正』ってどういうことだろうか? 誰にとって適正なのか?」と思考を巡らせつつ、さまざまな言い回しを10通りくらい考えるようにしています。辞書を引いて出てきた言葉をそのまま使うのではなく、自分の頭で考える癖を付けた方が言葉が口をついて出るスピードが速くなります。

　頭の引き出しに言葉をたくさんインプットしておき、ここぞというときに使いこなして会話を楽しんでくださいね! 日本語を他の日本語にパラフレーズすることで、直訳にとらわれてしまう事態も回避できます。

■「驚く」といってもいろいろ

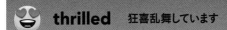 **thrilled** 狂喜乱舞しています

overjoyed 大喜びしています

surprised 驚いています

shocked 衝撃を受けています

devastated 悲嘆にくれています

■「高い」といってもさまざま

prohibitively expensive 許せない値段（ぼったくり）

awfully expensive ひどく高額な

extremely expensive 非常に高価な

very expensive とても高い

出る杭は打たれる

📖 意味：頭角を現す者は他の人から憎まれ邪魔をされるということ。

私ならこうしちゃいます

The outstanding get ousted.

同じ音を並べて発音も楽しむ

　英語のことわざには韻を踏んだり、同じ音感の言葉を並べたりするものが多いですよね。リズム感を楽しめて、繰り返しによって意図が強調されるという効果があります。例えば、**Never say never.**（絶対に無いってことは無い。まだ可能性はある）、**Tit for tat.**（しっぺ返し、報復）、**Practice what you preach.**（人に説くことは自分も実行せよ）、**Where there is a will, there is a way.**（意志あるところに道は通ず。為せば成る）など、含蓄がありながら音感も楽しめるので印象に残ります。

　今回の「出る杭は打たれる」は、この形式にならって新しいことわざを作っちゃいました！　oust（〜を追放する、失脚させる）は、政治系のニュースを読んでいる人なら一度は遭遇したことのある単語でしょう。これに**outstanding**（抜群、傑出、目立っていること）を組み合わせれば完成です！

　まぁ、本当に傑出している人は打たれませんけどね……。どこかまだ中途半端であったり、人間の器が狭い状態だからケチを付けられ足を引っ張られるのでしょう。**The nail that sticks out is hammered down, but if you stick out all the way, you will be cherished.** という言葉なら通訳の現場で訳したことがあります。杭の「打たれる」と「追放される」とは異なる解釈ですが、文脈によって使い分ければ語彙が広がります。**The outstanding get ousted.** アウアウするような音感ですが、早口言葉（**tongue twister**）だと思って、トリッキーな発音を楽しんでいただけたら嬉しいです！

実際に使っちゃおう！（例えば会社で…）

As of today, I have assumed the post of president.

Yes, indeed. Congratulations, sir.

I have no intent to badmouth my predecessor, but he had displayed too much grandstanding despite his obvious lack of leadership.

That's quite a mouthful of badmouthing, sir.

This is the consequence of sticking out. **The outstanding get ousted.**

I see, sir. (*Give me a break! First an ostentatious president, followed by a didactic one. Maybe I should oust myself from this company.*)

語注：**assume**:（地位・職務に）就く / **post**: 地位、職 / **president**: 社長、代表取締役 / **intent**: 意思 / **badmouth**:（人の）悪口を言う / **predecessor**: 前任者 / **grandstanding**: スタンドプレー、これ見よがしの行動 / **ostentatious**: これ見よがしな、人目を引く / **didactic**: 説教的な、人に教えたがる

会話文意訳

社長：本日をもって、私が社長の役職に就任したのだ。

部下：誠におめでとうございます。

社長：前任者の悪口を言う訳ではないが、彼はリーダーシップが明らかに欠けていたくせに、これ見よがしの言動があまりにも多過ぎた。

部下：そこまで悪くおっしゃいますか、社長。

社長：目立ちたがり屋が災いしたのさ。出る杭は打たれる。

部下：なるほどですね。（勘弁してくれ……。目立ちたがり屋の社長の次は説教くさいやつかよ。いっそ自分がこの会社から出て行くべきか？）

最後の吹き出しの **Give me a break!** は、「勘弁してくれ」や「いい加減にしてよ」と不愉快な感情を表すために用いられています。

BJ's comment

「出る杭は打たれる」という言葉は一見日本的な感じもしますが、英語にも似たようなフレーズで **Tall Poppy Syndrome** というのがあります。直訳すると、「背の高いポピー（花）症候群」で、すなわち一番よく育っている花が刈られてしまうという意味です。国を平和に支配するには、優秀な人を殺すべきだという少し怖い考え方に基づいています。イギリスでは、国内ドラマを卒業してハリウッド映画に出演する俳優などに使われます。イギリスを出た俳優たちは、突然裏切り者扱いとなる場合もあり、急にゴシップ記事が出たりします。

長いものには巻かれろ

📖 意味：目上の者には逆らわないで従った方が得策であるという例え。

私ならこうしちゃいます

 ## Not our job to reason why.

ことわざの本質を見抜くのがポイント！

　「絵に描いた餅」が **pie in the sky** へと変化するように、直訳ではなかなか伝わらないのがことわざの難しさであり、面白さでもあります。言葉を置き換えるだけでは異文化の壁は越えられません。なぜなら、「餅」のような言葉には日本の伝統と文化が深く刻まれていて、餅を味わってきた日本人にしかわからないニュアンスが含まれているからです。餅を知らない外国人に、いくら **sticky rice cake** を説明しても、「絵に書いた餅」の本質は伝わりません。

　さて、こういう場合は、シチュエーションを具体的にイメージしてみることです。そうすれば一つ一つの単語の言葉尻にひっかかることなく、文脈に合ったフレーズが出てきます。

　「長いものには巻かれろ」って、直訳すると **wrap yourself in something long** ですよね？　おっと、また謎の英語ができちゃいました。この方法では、「伝わる英語」になるまで何度も言葉を置き換えていかなければならないので日が暮れてしまいます。「要するにどういうこと？」と、本質を突いた発想でズバッと英語で言ってみてください。要は「従え」ってことですよね？　**go with the flow**、**be subservient** でも良いと思いますが、長いもの＝権力という意味が落ちています。そこで、**don't question the authority**（権力者に疑念を抱くな）、または **not our job to reason why**（なぜ？と問いただすのは俺たちの仕事じゃない）という意訳にたどり着きました。「権力者には黙って従っておけばいいんだよ」という万国共通の心理に落とし込むことで、気持ちが瞬時に伝わります。大丈夫！　コンセプトがわかりやすければ、異文化の壁を越えてスッと伝わりますから。

実際に使っちゃおう！（例えば会議中に…）

Here's the new pricing plan. With the supply chain disruption, we have no choice but to raise prices.

But how do we explain this to our customers?

The rationale is inflation and increases in raw material costs. We have to do this.

What? No! We are committed to EDLP. Every Day Low Price is our corporate slogan!

I know, but we have to persuade our customers.

This is so wrong.

I know, but it's **not our job to reason why**. Just do as the CFO says.

語注：**disruption**: 断絶、途絶、混乱 / **raise**:（料金・賃金などを）上げる / **rationale**: 根拠、理論的解釈 / **raw material**: 原材料 /（**be**）**committed to**: ～を約束する / **corporate slogan**: 企業スローガン / **persuade**: ～を説得する / **CFO**: = chief financial officer　経理担当主任

社員Ａ：こちらが新しい料金プランだ。サプライチェーンが混乱しているから、値上げするしかないんだな。

社員Ｂ：でも、顧客にはどう説明するんですか？

社員Ａ：根拠としては、インフレと原料価格の値上げだ。こうするしかないんだよ。

社員Ｂ：そんな！　ダメです！　われわれのスローガンは「毎日低価格」です。約束じゃないですか！

社員Ａ：あぁ。でも、われわれは顧客を説得しなければ。

社員Ｂ：こんなの間違っています……。

社員Ａ：わかっている。でも、長いものには巻かれろ、だ。CFO の言う通りにするんだ。

1つ目の吹き出しの **with** は付帯状況を表し、理由を説明する働きがあります。ここでは、料金プランを値上げしなければならない理由が述べられています。

BJ's comment

　　イギリスの詩人アルフレッド・テニスンは、「軽騎兵の突撃」という詩の中で **reason why** というフレーズを用いています。これは、クリミア戦争中に勝てる希望が一つもない戦いへ突撃するよう命令を受けた部隊を題材にしています。その詩では、**"Theirs not to make reply**（彼らは返事する権利もない）**/ Theirs not to reason why**（彼らは問う権利もない）**/ Theirs but to do and die."**（彼らには従って死ぬ権利しかない）とあります。会話では、**theirs** を **ours** に入れ替えて使っています。訳のわからない上からの指示を受けるときに、**Ours is not to reason why** と部下が愚痴ることが多いです。

猫をかぶる

📖 意味：本性を隠しておとなしそうに振る舞うこと。

私ならこうしちゃいます

kitten up

既成概念に配慮して誤解を防ぐ

　「猫をかぶる」も諸説ありますが、要は本性を隠しておとなしくかわいらしく振る舞うことですよね。ニュアンスの幅としては「ぶりっ子」のような軽いノリから「偽善者」といった強めの表現まで、いろいろあります。

　まず、動物の例えについて考えてみましょう。英語の世界で「おとなしい」とされている動物は **sheep** または **lamb** が有名です。従順でおとなしいキャラクターとして童話にも出てきますね。一方、この「羊」の対義語になる動物が **wolf**（狼）で、西洋では人を襲ったり弱みにつけこんだりする「悪者」のイメージが定着しています。ここで重要なポイントが、英訳の際にこのような動物に関するイメージ（既成概念）を知っておかなければ誤訳につながるということです。例えば「猫をかぶる」を **wolf in sheep's clothing** と訳したとします。そうすると英語圏の人は既成概念から「善良な市民を装った犯罪者か?」とイメージしますので、日本語の意味から大幅にずれてしまうのです。

　こんなことを考えた結果、ぐるっと一周回って「猫」に戻っちゃいました!猫（**cat**）よりもさらにかわいらしい子猫（**kitten**）を選んだのは単なるノリですが、それより「**up** はどういう意味?」と不思議に思われるでしょう。この **up** が味噌なのです!　皆さん、海外ドラマでおなじみの句動詞 **"lawyer up"** はご存じですか?　警察の取り調べの最中に弁護士をつけて黙秘し、**shut up** あるいは **clam up**、すなわち口を閉ざすシーンがありますよね?　これにならい、なんと **kitten**（＝本性を隠す）という動詞を作っちゃいました!　「**kitten** する＝猫をかぶる」という、一周回ってのド直訳です（笑）。

How did your date with that guy go?

Oh, it went really well. I told him all about the beautiful sides of my life and, of course, avoided the messy sides.

So, in other words, you totally **kittened up**! Girl, I tell you, you gotta get real. Otherwise, the relationship won't last.

I know... We met on a matchmaking app. At that point, I already had all these filters on my photo. I don't know how I can come back down to reality!

Girl, you're filtered up online, and kittening up in real life... How can I tell you we like you just the way you are?

語注：**date**: デート / **messy**: 面倒な、厄介な、雑な / **otherwise**: さもなければ、そうでなければ / **relationship**: 恋愛関係 / **last**: 続く、継続する /**matchmaking app**: マッチングアプリ / **filter**: ①フィルター　②フィルターをかける

会話文意訳

女性A：あの人とのデートはどうだった？

女性B：良い感じだったよ！　彼には私の良いところを全部伝えて、ダメなところは隠したからね。

女性A：つまり、完全に猫をかぶったってことね！　あんたね、素を出さないと。じゃなきゃ関係が続かないよ。

女性B：だよね……。マッチングアプリで出会ったんだけど、その時から既に写真にフィルターをかけまくってたからね。どうしよう。今更どうやってリアルに戻ればいいの!?

女性A：ねえ、オンラインではフィルターをかけて、現実では猫かぶって……。みんなありのままのあんたが好きだってどう言ったらわかってくれるのかな。

 マッチングアプリは和製英語。正しくは、会話で登場するように **matchmaking app**、もしくは **dating app** と言います。

 BJ's comment

　面白いことに、1950 ～ '60 年代のアメリカ・イギリスでは、**sex kitten** という言葉が流行っていました。これは、日本語の「猫をかぶる」とは真逆で、「本性を前に出す」というフェミニズムの概念に近い言葉です。'60 年代頃までは、「素直で従順」な女性のイメージが一般的に理想とされていましたが、時代と共にそのイメージが代わり、ミニスカートを履いたり、男女同権を主張したりする女性が増えました。そのような女性たちが若者の中で人気となり、**sex kitten** とも呼ばれるようになったそうです。

八方美人

ダウンロード
49

 意味：誰に対しても愛想よく振る舞う人。

 私ならこうしちゃいます

 yes-man to everyone

なぜeightか？　聞かれると長くなるので、everyoneに

　「八方美人」の意味するところは文脈によってさまざまです。風見鶏のような日和見的態度を表すなら **weather vane**、全方位外交という硬い政治用語なら **omnidirectional diplomacy** という英語があります。日常会話の中で出てくる「八方美人」も文脈によって微妙にいろんな意味合いがありますよね。

　例えば、周囲のみんなにいい顔をしちゃう人、自己利益のために狡猾に立ち回る人、あるいは誰に対しても如才なく振る舞う人のこと。こんなふうにいろんなニュアンスがあるのに、全部一律で **weather vane** と訳してしまうと、細かいニュアンスが伝わらなくなってしまいます。こういうときは、いっそのこと抽象度の高い英語を作っちゃった方が良いでしょう！

　そこで、**yes-man to everyone** です。「皆に **yes** と言う人」というシンプルな表現にとどめておくことで汎用性が高くなり、さまざまな文脈で使えるようになります。ちなみに、**I'm not just a pretty face.**（かわいいだけじゃないのよ）という慣用句がありますので、「美人」を **pretty face** と訳すことは避けた方が良いでしょう。また、**two-faced liar**（裏表のある人）という慣用句をもじって **eight-faced yes-man** もいいかな？と考えましたが、**"Why eight?"** と聞かれると説明が長くなるので（笑）、**everyone** にしました。

　もし **gender neutrality** が気になるなら **yes-person** にしても良いですが、この場合はさほど気にする必要はないでしょう。

💬 実際に使っちゃおう！（例えば職場で…）

I'm so loaded with work...
When do you think I can finish?

Well, at this pace, I think you'll be
working through the weekend, too.

What? Why? How come it's just me?

Do you want a diplomatic answer or an honest answer?

Honest, please. I really need to know why.

I think you're being a **yes-man to everyone**,
and people are taking advantage of that.
Your job is not to please everyone, you know?
Learn to say no when it's not your job.

語注：**be loaded with**: ～でいっぱいである、～が詰め込まれている / **diplomatic**: 社交辞令的な、やんわり
した言い方の / **take advantage of**: ～を利用する / **please**: ～を喜ばせる

男性A：仕事多すぎ……。いつ終わると思う？

男性B：うーん、このペースだと週末も働かないとダメだろうね。

男性A：ええ？　なんで？　なんで僕だけこうなるんだ？

男性B：建前と本音、どっちで答えてほしい？

男性A：本音で頼む。マジで理由を知りたい。

男性B：君は八方美人なんじゃないかな。それをみんなが利用してるんだ。君の仕事はみんなを喜ばせることじゃないだろ？　自分の仕事以外はノーと言えるようにならなくちゃ。

3つ目の吹き出しの **how come?** は、**why?** と同じような意味ですが、こちらの方がカジュアルな表現です。また、驚きを示すニュアンスが含まれます。

BJ's comment

　私は、**Brexit**（EU離脱）の「広告塔」でもあったイギリスの元首相ボリス・ジョンソンのことを、お笑い時事ネタで「政治鯉のぼり」と呼んだことがあります。これは、彼が国民のムードによって急に方向性を変えたりしていたからです。まさに **yes-man to everyone** を表そうとしていました！　けれど、ライブの後で「そこまで抽象的な発想は伝わりにくい」と言われてしまいました……。だから、オリジナルな言葉を作る難しさは身をもって体験していますし、いくつも新しい表現を生み出している橋本さんには脱帽です！

晴れ男／晴れ女

📖 意味：行く先々の天気が決まって晴れる人。

weather charmer

太陽をも引きつける魅力のある人！

屋外スポーツやレジャーなど大切なイベントの日に重宝される「晴れ男」と「晴れ女」、いかにも日本的な表現ですね。カジュアルな会話の中で冗談混じりに使われることが多いでしょう。英訳としては **He brings good weather.** と言えば伝わるかもしれませんが、せっかくこのように軽妙で粋な日本語があるのだから、会話の中でキラリと光る英語を新たに作っちゃいましょう！

そこで、**weather charmer** です。皆さんは **charm** と聞くと「お守り」という名詞を思い浮かべるかもしれませんが、ここでは動詞としての使い方に注目しました。つまり、**to charm** です。辞書を引くと、**to delight or please greatly by beauty or attractiveness**、あるいは **to influence through personal charm** とあります。この語尾に **-er** を付ければ **charmer**（魅了する人、魔法使い）になります。さらに **weather** と合わせれば、良い天気を呼び寄せる力のある人、という人物像の完成です！　笑顔が明るく、ちょっと魔法使いのようなパワーを感じさせる人ですね。

また、晴れ男や晴れ女が **charming**（チャーミングな）人であるというニュアンスも掛けています。お天気まで魅了しちゃうチャーミングな人。雲の合間から太陽をも引きつける魅力のある人だということです。なお、日本語には晴れ男と晴れ女がありますが、ダイバーシティー全盛期の今、**gender neutrality** にも配慮して性別を消しておきました。これでさらに使いやすくなるでしょう！

Can you believe this beautiful weather? According to the forecast just this morning, we were supposed to have rainstorms! We are so lucky.

I know. It's probably me. I have this record of being a great **weather charmer**. You guys can all appreciate me.

Oh, really? But come to think of it, I'm always the one who's bringing rain on important days. So that makes me the weather spoiler. How did you overrule my powers?

Well, it must be that I have outcharmed your rainy powers. Charm over curse!

語注：**overrule**: 〜を覆す / **outcharm**: （魔法や魅力など）を上回る / **curse**: 不幸、呪い

女性：こんなに良いお天気だなんて信じられる？　今朝の天気予報では大雨だって言ってたんだけど！　すごく運が良いね。

男性：そう。多分僕のおかげだね。めちゃくちゃ晴れ男なんだよ、みんな感謝してね。

女性：本当に？　それを言えば、私はいつも大切な日に雨を降らせちゃうんだわ。つまり雨女なの。どうやって私の雨女パワーを覆したの？

男性：うーん、僕の魅力が君を上回ってたんだよ。呪いより魔法だね！

3つ目の吹き出しに登場する **weather spoiler** ですが、**spoiler** は「台無しにする人」という意味。**"spoiler alert!"** と言って「(映画などの) ネタバレ注意！」という意味で使われることもあります。今回は「天候を台無しにする人」という意味で使われています。

BJ's comment

　　笑顔と明るい性格だけで天気を操れるかどうかわかりませんが、このフレーズにはとっても共感できます。常に笑顔の人は、なぜかハッピーなハプニングに遭遇するでしょう。別にハッピーなハプニングがあったおかげで、笑顔になるという順番ではないのがポイントです。**Self-Fulfilling Prophecy** (自己成就的予言) というフレーズが指す事象ですね。ポジティブな人はちょっと大変な状況に遭ってもポジティブに受け止めて、さらに周りの人を魅了していきます。こういう人は、**weather charmer** の別バージョンで **life charmer** と言えるかも！

耳にタコができる

📖 意味：同じことを何度も聞かされて嫌になることをいう語。

leave scuff marks in one's ears

「タコ」を「こすり跡」に置き換えて、直訳を回避

　口を酸っぱくして同じことを何度も繰り返す人に対し、ややうんざりした気持ちで **You sound like a broken record.** と揶揄するフレーズ、ありますよね。「あんたはさっきから同じことを何度も繰り返してばかり。傷ついたレコードが同じ箇所をループしているように聞こえる」という意味です。では、それを何度も聞かされて耳タコになっちゃう人は？

　まず、面白半分で試しに直訳してみたところ、なんと **grow calluses on one's ears** となりました！　うへー、シンプルに気持ち悪い。却下です（笑）。さて、どうするか……。まず、「耳にタコ」という直接的な表現は避けること。そして、「タコは肌への摩擦や圧力が原因で形成される」ことから転じて、「床、壁、靴などにできるこすり跡」というふうに表現を置き換えてみました！　そうすると、別の英単語が思い浮かんできます。そう、**scuff mark**（こすり跡）です。床に引きずった椅子の跡、家具を白い壁にこすってしまったときの傷、皮やエナメルの靴についた摩擦の跡などが連想されるでしょう。このように、普通であれば **ears** には絶対に組み合わせるはずのない **scuff mark** という単語を合わせて **scuff marks in one's ears** という英語を作っちゃいました！

　誰かが **broken record** 状態になっていたら、「そろそろやめろ。**scuff marks** が耳についちゃうじゃないかー！」と言っておけば、「ものの例えだ」ということも含めて相手に的確に伝わります。逆に言えば、「耳」に「タコ」ができた、と真面目に訳しちゃうからかえって伝わらないのです。意味の本質を押さえて、そうでないところは切る。このメリハリが大切です。

Tell me, why do Japanese people say they're growing octopuses on their ears? Is this some kind of Japanese Medusa?

No, silly. It's a homonym. *Taco* also means callus.

Oh. Well, how would you ever get calluses in your ears?

It's when someone is sounding like a broken record, and it makes you feel like it's **leaving scuff marks in your inner ear**.

Ouch. That sounds painful.

It is actually painful to keep hearing the same thing over and over, wouldn't you say?

語注：**homonym**: 同音異義語 / **callus**: タコ、皮ふ硬結 / **scuff mark**: すり減った跡、すり傷

男の子 A：ねえ、どうして日本人は耳に蛸ができるって言うの？　日本のメデューサみたいなもん？

男の子 B：まさか。同音異義語だよ。たこは、皮膚にできるタコの意味もあるんだ。

男の子 A：なるほど。けど、一体どうやったら耳の中にタコができるの？

男の子 B：誰かが壊れたレコードみたいに何度も同じ話を繰り返して、耳の中にすり傷みたいな跡が残りそうなときさ。

男の子 A：うわあ。痛そうだね。

男の子 B：同じことを何度も何度も聞かされると、実際キツイじゃん？

 吹き出し 2 つ目の **homonym** は「同一の、似た」を表す **homo-** と、「言葉」を表す **-nym** が合わさって、同音異義語という意味になります。

BJ's comment

　これはもしかして「言われるうちが花」の対になるフレーズでしょうか。何度も同じことを言う人は「あなたのために言っているよ」と思っているかもしれないけど、言われている人の耳にはタコができているんです。元々の日本語のフレーズは前から知っていましたが、恥ずかしいことに「タコ」はずっと **octopus** のタコだと勝手に思い込んでいました！　勘違い直訳の **grow octopuses on one's ears** はどう考えても通じません。**leave scuff marks in my ears** なら、言わんとしていることがばっちり伝わってきます。

餅は餅屋

52

📖 意味：その道のことはやはり専門家が一番であるという例え。

私ならこうしちゃいます

Don't try to build your own house.

万国共通で伝わる例えから作っちゃえ！

　用例を調べると、① 専門家に任せた方が良い、という使い方と、② さすががプロだね！　という褒め言葉の2通りあるようです。しかし、① **Leave it to the experts.** ② **You can't beat a pro!** と訳すだけでは新しい表現を作ったことにはなりません。

　さて、まず「餅」という単語はどうしましょうか？　最近、海外でも甘いお餅が流行っている地域があって、**mochi** という単語を知っている外国人もいます。ただ、**sushi** に比べれば知名度が格段に低いですし、「昔は貸餅屋という商売があって、杵と臼を持って家まで来て餅をついてくれていたんだ」といった味わい深い日本の文化的背景を一言で表すことはできません。そこで、他の食べ物で、素人がなかなか作れない洋菓子はないかな？と考え、**Let patissiers make the cream puffs.** という表現を作りました。シュークリームを手作りするのは難しいですものね。ところが、試しに知り合いに対してこのフレーズを使ってみたところ、「え？　シュークリームってクリームをプシューと入れるだけじゃないの？」という何とものんきな返しにガックシ！　ならば、世界中の誰もが知っている鉄板のアナロジー（ある事を説明するための例え）は無いか？と考え直し、**Don't try to build your own house.** にしちゃいました！「いやいや、大工さんなら自分の家も建てちゃうんじゃない？」とか、そういう意地悪は言わないでくださいね（笑）。

実際に使っちゃおう！（例えば親子で…）

What's all this mess?

I'm fixing my bike. Look, I'm adding some cool parts to make it unique.

For heaven's sake, stop. I won't have you making your own bicycle. It's too dangerous. **"Don't try to build your own house,"** I say. Just take it to the bike shop. Now come do the dishes and vacuum the kitchen, would you?

But, Mom, you're so much better when it comes to those tasks. Leave it to the expert, right?

語注：**mess**: 散らかりの山 / **fix**: 〜を修理する / **for heaven's sake**: お願いだから / **vacuum**: 〜に掃除機をかける / **when it comes to**: 〜と言えば

母：何これ、こんなに散らかして！

息子：自転車修理してるんだ。ほら、このクールな部品を付ければ唯一無二だよ。

母：お願いだからやめて。自作の自転車なんて危険すぎるわ。「餅は餅屋」って言うでしょ、自転車屋さんにもっていきなさい。さあ、お皿洗いと台所の掃除機がけをお願いできる？

息子：いやいや、そういうのは母さんの方がずっと上手だから。プロにお任せ、でしょ？

3つ目の吹き出しの **I won't have you making your own bicycle.** の **have** は使役動詞。**have O doing** で「Oに〜させる」という意味になります。

BJ's comment

Don't try to build your own house. からは、なんとなくポジティブな印象を受けました！　「専門家に安心して任せて！」というふうに。ちなみに、**stay in your lane** というフレーズをご存じですか？　この **lane** は車線のことです。「餅は餅屋」の意味に近いのですが、若干ネガティブなニュアンスで、よく政治家が使います。「全ての事情を理解していないあなたは、黙って専門家であるわれわれ政治家に任せてください」というニュアンスで、一般人を黙らせようというフレーズです。

病は気から

53

📖 **意味：病気は、その人の心の持ち方次第で軽くも重くもなるということ。**

私ならこうしちゃいます

Perception drives illness.

変幻自在な単語 "drive" を活用

　既存の表現に **Fancy may kill or cure.** がありますが、かなり古めかしいですし、**kill**（殺す）もちょっと極端なので、新しいのを作っちゃいましょう！その際、医学的に間違った表現にならないよう配慮が必要です。「病気をどう捉えるか、感じるか」ということを表す言葉に **illness perception** があるように、**perception** は「捉え方、感じ方」ですから、このまま使えそうです。

　次に検討すべきポイントは、日本語の方で明言されていない「病は気から」の後にくる動詞です。省略されているのは、病は気（の持ちよう）によって「良くも悪くもなる」という意味合いですよね。ところが、現実的には気の持ちようだけでは治らない病気もあるわけですから、間違っても **illness comes from perception** とか、**perception can "cure" illness** などと言ってはいけません。そこで、あえて **drive** という医学的でも科学的でもない抽象度の高い単語を入れることで、あくまでことわざであるということを明示します。この **drive** は多くの意味があり、ワイルドカードのように変幻自在な単語です！ここでは気の持ちようで良くも悪くも体調を「動かす」ことができるというニュアンスで使っています。

　しかし実際、体調が悪いと思い込んでしまった日には、ストレスで呼吸が浅くなったり、頭やお腹が痛くなったりしますよね！　そのような軽い症状にも使えますし、病気を抱えている方への励ましの言葉にも使っていただけるのかなと思います。

実際に使っちゃおう！（例えば職場で…）

Why the long face? Something wrong?

No, I'm fine. Well, maybe I'm coming down with a cold.

You don't seem that sick, considering you just gobbled up a big lunch. How about telling yourself you'll be fine? **Perception drives illness**, you know.

Actually, I've been hoping to get a fever or something. I have this meeting with my boss tomorrow that I'd rather avoid.

Oh, I get it. You're just trying to fake being sick!

語注：**long face**: 不機嫌な顔、浮かない顔 / **come down with**: （風邪などに）かかる / **gobble up**: 〜を急いで食べる、むさぼり食う / **fever**: 熱

会話文意訳

女性A：浮かない顔してるけど、何かあった？

女性B：いや、大丈夫。というか、もしかしたら風邪をひいちゃったかも。

女性A：そんなにしんどくなさそうだけど。さっき大量にランチたいらげてたじゃん。元気だって自分に言い聞かせてみたら？　病は気からって言うし。

女性B：いや、実は熱とか出てくれないかなって思って。明日は上司と打ち合わせなんだけど、正直やりたくないからさ。

女性A：ああ、そういうこと？　仮病ね！

最後の吹き出しの **I get it.** は「わかったぞ」という意味の相づち。**I understand.** と同じ意味ですが、こちらの方がカジュアルな表現です。

BJ's comment

　このフレーズは、**weather charmer** と似た意味のような気がします。明るい人は天気に恵まれるし、治ると信じる人は体調が良くなるのが早い。気持ちだけで病気を治せると言ってしまうと、「医学的な証拠がないよ」と返されるかもしれません。けれど「気・態度」は大事でしょう！

　ワールドカップ直前に奇跡的にケガから復活したサッカー選手もいるし、私も大事なコメディーショーの前に腹痛が治ったミラクルを経験したことがあります。翌日が大変でしたが、その瞬間は自分を治せたに違いないです。

作っちゃうまでは苦労の連続

　読者の皆さんの中には、「橋本さんって帰国子女だし、通訳の仕事をしてるんだから、何でもすぐに訳せちゃうんでしょ?」と思われている方もいるかもしれません。でも、全然そんなことはないんです。例えば、「ネコババ」というお題を考えようとしたときのことです。インスピレーションの種は「ダチョウ」でした。ダチョウ (ostrich) は敵に襲われそうになると頭を砂に突っ込む (現実逃避する) という言い伝えがあることから、ostrichism (現実逃避) という言葉が既に存在します。私はここから着想を得て、そうだ! magpie (カササギ) は光り物を盗む stealing bird として有名だよな……ならば magpieism というのはどうか? さらに、日本人が「ネコババ」という単語を「ネコババする」と動詞にしている点にも目をつけ、magpie に -ing をつけて動名詞にしよう!と考え、最終的に magpieing という英語を作ったのです。

　ところが、結局のところ「ネコババ」が意味している stealing (横領) というコンセプトは思いっきり万国共通であって、日本独自のものではないんですよね。embezzlement、finders keepers、pocketing など、「ネコババ」という言葉の本質を表す英語はたくさんあるんです。試しに magpieing をネットで検索して確認すると、既に同じ英語を作っている方がいました。これを書籍に載せてしまったら「盗作」になります。なのでアウトです。

　その他にも、「ちゃぶ台返し」の英語を考えようとしたときのことです。table flip という単語がありますが、それではこの日本語が持つ「進行中のものが台無しになる」といったニュアンスが含まれていないと思ったんです。そこで、dinner slasher という英語を作っちゃいました!　でも、あらためて table flip を YouTube で検索してみると、邦画のコンピレーションで日本のちゃぶ台返しをひたすら集めて再現している外国の方々の動画が大量に (泣)。table flip という単語が既に浸透しているのを目の当たりにしたのでした。

　こんなふうに、一筋縄ではいかない表現がたくさん存在します。逆に、一見英訳が思いつかないような言葉でも、そこに潜むコンセプトさえつかめれば、うまく訳すことは可能です。こうした経験を通じて感じるのは、「英語にない」コンセプトだからこそ英語の作りがいがあるし、自由に作りやすいということです。これからもどうか皆さん、日本語と英語の世界を行ったり来たりしながら、言葉遊びを楽しんでくださいね!　確実に語彙力アップにつながります。

　この本をお手に取ってくださり、ありがとうございました。『CNN English Express』の連載をこのような形でまとめることができて、大変嬉しく思います。

　本書では53のお題を例に、「飛訳」の考え方を紹介してきました。通訳者の思考回路をここまでリアルに再現した本は珍しいかもしれません。執筆にあたり、最も心掛けたことは、まず、実際の会話の中でリアルに通じる英語を作ること。そして、読者の皆さんに納得していただけるような説明をすることでした。また、「大人買い」や「後の祭り」など、自分が過去に作った英語を見直して、「あれ？　これって本当にベストなのかな」と疑問に思い、連載で発表した内容から変更したものもあります。

　「はじめに」で申し上げたように、コツは最小限の言葉数で最大限の効果を発揮する「インパクト・コンパクト」です！　これは、私が通訳を行う際のポリシーでもあります。その上で、「作っちゃえ！」の世界は、いわば、言葉遊びの "プレイグラウンド" ですから、正しいか間違っているかということを気にするばかりではなく、思いっきり自由にクリエイティビティーを発揮してくださいね。

ポイントのおさらい

1. まずは日本語を吟味

　そもそもお題になっている日本語の意味、由来、そして時代とともに使われ方がどう変わってきたのかなど、言葉の本質を把握することで誤訳を防ぎましょう。また、パラフレーズ（別の言葉で同じ意味を表現）するとしたらどんな言い回しがあるか、「日日通訳」しながら考えるのも一つの手です。そうすることで、違った角度からのアプローチが開けたりします。「駄菓子」(p.50) が良い例です。

2. リアルな会話を想定する

　日本語から英語へと単語だけを置き換えるのではなく、実際にそのフレーズを使っている状況をイメージします。p.26 で「変わり種」を blue rose と訳すと、食べ物の

話題になったときに、おかしなことになってしまうのがわかりました。リアルな会話を想定することで、自分が発した言葉が外国人にどう受けとめられるか、どんなリアクションが返ってくるか、ある程度予測することができます。このステップを踏むことでミスコミュニケーションを予防しましょう！

3. ワードチョイス命

リアルな会話を想定できたら、次はそのシチュエーションを的確に描写する言葉選びです。つまり、イメージを言語化することで、的確な英訳を生み出すのです。さらに、それをバックトランスレーションする（日本語に訳し戻す）ことで、意味がズレていないかどうかを確認しましょう。

本書を通して最もお伝えしたいのは、必ずしも英語と日本語を１対１で紐づける必要はないということです。直訳では越えられない文化の壁をどのように乗り越えればよいか、ここまで読んでいただいた皆さんはもうおわかりだと思います。「ネコババ」を英語で伝えたいときに、「ネコ？　ババ？　なんて訳すの？」とパニックになることもあるかもしれません。しかし、言葉尻にとらわれずに全体の意味を考えて、単に steal と言えば通じるわけです。あるいは、「ドタキャン」という日本語特有の略語も、last minute cancellation で通じます。これらは意訳の例ですが、さらにもう一歩上の飛訳を生み出すためには、今まで学んできた英語を最大限使いながら、柔軟な思考回路を通じて考案する必要があります。たくさん練習して、英語力アップにつなげていきましょう！

「自分の言葉で話す」大切さ

今の時代、翻訳アプリを駆使すれば、海外の方とある程度の意思疎通は図れます。しかし、言葉が持つニュアンスや音感、情感など、周辺の情報を加味した上で訳すことは人間にしかできないことだと考えています。自分で言葉を選んで自分の声で言葉を発して、ボディーランゲージも加えたりしながら相手と通じ合えることが人間らしいコミュニケーションの醍醐味ではないでしょうか。この人間ならではの創造性を私もさらに磨いて、「話し手の真意」がしっかり伝わる通訳をお届けしてまいりたいと思います。

言葉は生き物です。世の中は常に進化していますから、日々新しい単語が生まれますし、従来の意味に新たな定義や用法が加わることも多々あります。「この日本語、なんて言ったら伝わるの?」という壁に突き当たったときは、柔軟な発想力で切り抜けてくださいね。

本書で取り上げた英語表現や、皆さんが作ってくださった英語を机上の言葉遊びで終わらせずに、ぜひ、日常会話の中でどんどん使っていただければ嬉しく思います。

皆さんの英語学習がさらに実りあるものになりますように。

橋本美穂

表現リスト

本書に出てきた53の表現を五十音順のリストにしました。
実際の会話でどんどん使ってみてください。

あ行

か行

さ行

橋本美穂（はしもと みほ）

1975年、米テキサス州ヒューストン生まれ。幼少期をカリフォルニア州サンマテオで過ごす。帰国後は神戸市へ。兵庫県立神戸高等学校卒業後、慶應義塾大学総合政策学部へ進学、アジア経済開発学を専攻する。卒業後、キヤノン株式会社に総合職として入社し、コピー機などの事業企画を担当。同社に勤めながら通訳者養成学校夜間コースを修了し、入社9年目に通訳者になることを決意。2006年に退職し、日本コカ・コーラ株式会社の社内通訳を1年間務めたのち、フリーランスの会議通訳者となる。得意分野は金融、IT、マーケティングなど。これまでに担当した案件は6000件以上。月刊英語学習誌『CNN English Express』で人気コーナー「英語にないなら作っちゃえ！」を連載中。

[EE Books]

英語にないなら作っちゃえ！
これで伝わる。直訳できない日本語

2023年4月10日　初版第1刷発行

著　者	橋本 美穂 はしもと み ほ
発行者	原 雅久
発行所	株式会社 朝日出版社 東京都千代田区西神田3-3-5 TEL: 03-3263-3321（代表）　FAX: 03-5226-9599 郵便振替 00140-2-46008 URL: http://www.asahipress.com eメール: ee@asahipress.com
本文デザイン	阿部 太一 [TAICHI ABE DESIGN INC.]
本文組版	（有）プールグラフィックス
本文イラスト	asari
装丁	岡本 健＋
印刷・製本	図書印刷株式会社
本文用紙	三菱王子紙販売株式会社

ISBN978-4-255-01330-5 C0082